JN057173

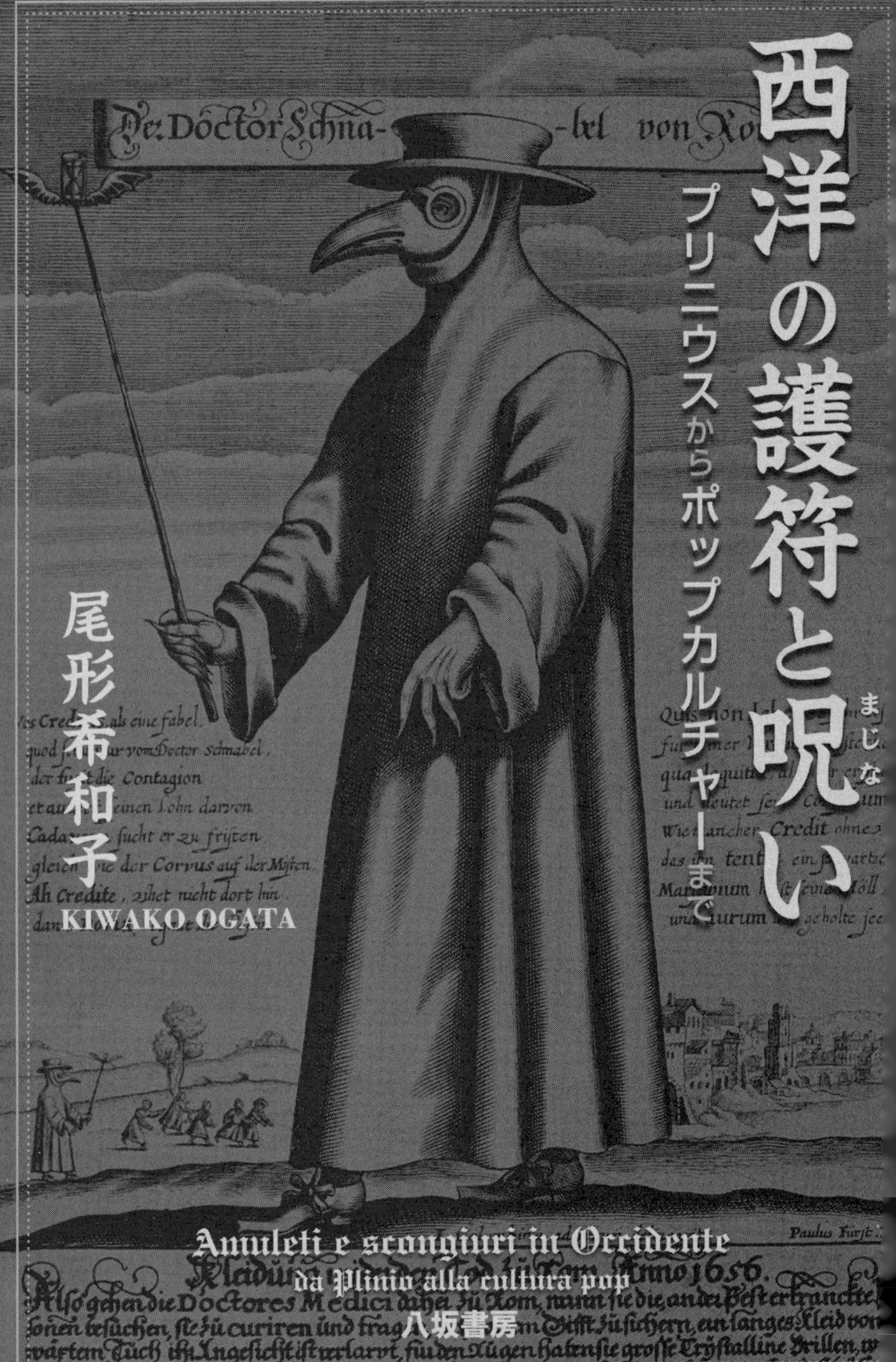
西洋の護符と呪い（まじない）
プリニウスからポップカルチャーまで
尾形希和子
KIWAKO OGATA
Amuleti e scongiuri in Occidente
da Plinio alla cultura pop
八坂書房

装丁　尾形まどか

序章

あっという間に世界中に広がった新型コロナウィルス感染症は発生から三年たった今もまだ完全な終息に至っていない。他国に遅れを取りながらも日本もウイズコロナへと移行したが、コロナ前と全く同じ状態に戻るアフターコロナは訪れないだろう。人との接触を制限され、様々な社会的活動も制限され、目に見えないウィルスに脅かされながら、私たちは、過去の疫病の時代の人々が経験したのとまったく同じではないにせよ、コロナ前よりは確実に死を身近に考えるようになった。一方で、私たちの子供の頃にはＳＦの世界の出来事であったようなＩＴ化が一気に進んで、教育や労働の形態も変化した。新型コロナウィルスが何故これほどまでに蔓延したのか、その原因を考える中で、グローバル化社会の脆弱性、人間による環境破壊の問題や格差の問題など、様々な気づきがもたらされ、地球の未来についてより危機感をもって考えるようにもなった。

特にウィルスの実態がまだ解明されず、ワクチンなどの対処法がまだ明確でなかった初期の混迷の時期には、日本でもアマビエが大流行し、カトリックの国々では聖人たちにコロナ感染症からの平癒や疫病退散が祈られた。本書は、二十一世紀の現代においても、パンデミックに直面した人間が護符やまじないに頼るという現象に注目して、癒しや救いの希求として営々と続けられてきた呪術的世界の一端である護符やお守りについて今一度考えてみようとする試みである。

呪術というと非科学的あるいは迷信的なものとかたづけられがちである。この世における現存在が確固たるものであるという近代人の思い込みが、呪術（魔術）がいかがわしいものとみなされる理由の一つであろう。しかしある種人類の知恵の収蔵庫とも言える神話の世界も夢の世界も、「我」と「彼」あるいは「あの世」と「この世」が明確に分離しているという、近代的な世界観とは異なるものの上に成り立っている。

宗教学者エリアーデが主編者である著作『オカルト事典』（原題は『隠された真理―呪術、錬金術、オカルト』）の序文には、世界が記号から成り立っていることや明白と思われる現実がことごとく記号にすぎないということを、魔術は私たちに思い出させてくれると書かれている。少し長いが引用しよう。

芸術と文化が栄えるのは、人間が現実に対して想像力を用いて―現実を理解し、象徴を介してそれについて意思の疎通を図ることによって―対峙するからである。話し、聴き、理解することは、すべてが別のどこかを指し示す記号にみちた不思議の国に入っていくことなのだ……ごくありふれた行為の根底にあるのは、私たちが用いる記号は実在する何かを

> 表象しており、私たちはそれらの記号とその意味を正しく操作できるのだとする、驚くべき、そして最終的には証明し得ない信念にほかならない。あらゆる言葉が、その言葉自体のなかには完全には現れていない何かを、つまり、その言葉を超える何か、その言葉の外にある何かを表わしている。（中略）
> 哲学や科学と同じく、魔術は、実在に関する様々な真理に注目するには、私たちの能力がいかに脆弱で不完全なものであるかを教えてくれる。というのも真理は、それを表す記号において完全に把握されることは決してなく、時々刻々と変化する世界のどの表面においてであれ実在が完全に現れ出ることも決してないからである[1]。

現代に生きる私たちの日常にも、呪術的思考は浸透している。たとえば、幸運がある人だけに続いて起こることを「あの人はツイている」と言うが、「ツイている」とは「何か人知を超えたエネルギーのようなもの」がその人に「憑依している」という意味だと小松和彦氏は説明している。特定の人物の幸運続きの理由がわからないとき、人は「（何かモノがその人に）憑いているのだ」と、モノの正体を明確にしないやり方で説明し、納得するのだという[2]。

このように、現代人も呪術的な思考から全く自由ではないのだが、さらに新型コロナウィルスのパンデミックを経た私たちは、もはや人間の現存在が絶対的でゆるぎないものであるとは思えなくなっている。そして、感染症の収束も待たず、追い討ちをかけるように始まったロシアによるウクライナ侵攻。「二十一世紀にもなってこんなことがあるとは思いもよらなかった」と誰もが憂う今、もはやわたしたちの現存在も地球の未来もすべて盤石であると確信を持って言える人はいないだろう。

人間を他の動物とは一線を画したより優れた存在であるとし、仏教でいう有情・非情、すなわち生命のあるものもないものも全て含んだ世界全体を人間は支配することができるという考えが、地球環境を著しく危険な状態へと追いやってしまった。地球というエコシステムの中の一員として人間を捉え、動物も植物も岩や土などの鉱物もすべての命が循環し合うといういにしえの世界観や先住民族の知恵が見直されているのは、そのためである。植物や鉱物、そして動物の持つ驚異的な力を畏怖しその恩恵を大切にする態度と、それらの力に頼るまじないとは根底で繋がっているだろう。

ドイツの哲学者エルンスト・カッシーラーらは、人間はアニマル・シンボリクムすなわち「象徴的動物」であると考えた。「人間」とは何であるかは、人間自身が歴史の中で作り出したあらゆる種類の象徴形式の分析によって理解されるというものである。先にも触れたように、人間は記号の創出とその操作によって、何かを代替し表象する存在である。近代の合理主義、実証主義、科学主義への反省の中で、人間の象徴機能について宗教学も含め様々な分野で再考されている。[3] 自身の身体（あるいは魂）を何らかの危機から守ろうとするとき、守護してくれるものとして、ある形や物体や色や、言葉や音などが人間のこの象徴的思考によって選ばれる。

その中には多くの民族に共通するものもあれば、文化によって全く異なる場合もある。目の前にある一見世俗的なものが、聖なるものの顕現（ヒエロファニー）であることは実際頻繁に起こる。[4] つまり単なるモノを聖なるものへと変えるのもまた、人間の象徴作用なのである。

呪術世界についての考察は、近代的アカデミズムの部門分けによって分断されてきた諸分野を統合化する試みの一端ともなりうる。歴史・哲学・心理学・精神医学・自然科学などが互いに「人間的」対話をすることで、より豊かな世界との関わりかた、捉え方を見直すきっかけになるだろう。[5] 本書は、文化人類学や民俗学などの方法に則った考察ではなく、それらや美術史やモノの歴史などの諸分野をランダムに横断して、人間の作り出す象徴的世界の一端である呪術的世界の中でも、普通の人々が身につけるようなもっともポピュラーな護符やお守りについて、とくに筆者が美術の研究フィールドとしてきたイタリアの例を中心に紹介するものだ。西欧以外の別の文化の例についても随時触れているのだが、沖縄の例が多く登場するのは、沖縄に長年住む筆者が豊かなまじないの文化を日常的に目にしているからでもある。

ここで簡単に言葉の定義について触れておきたい。「まじない」もしくは「呪術」は辞書によると、「超自然的な存在に訴えることによって、病気平癒、降雨、豊作、豊漁などの望ましいことの実現を目指した行為[6]」、「およびそれにかかわる信仰の体系[7]」となっている。またどの社会にも見出されるもので、「未開」と「文明」の二項対立的な区別の中で捉えることは間違っている。[8] 特別な霊力や魔力を持つ物、すなわち呪物である護符とお守りとはほとんど同義語だが、後者は特に小型でお守り袋などに入れて肌身につけるものを指すという説明をするものもある。[9] なお、アムレット（魔除け）とタリスマン（お守り）を目的の違いで区別する次のような定義もある。

魔除けとは、魔力がこもっていると信じられている物で、身に着けたり、住居、納屋、仕事場などに飾ったりして、災厄、病気や、悪魔であれ人間であれ、悪意を持った存在からの攻撃を寄せ付けないようにするものである。お守りも同様に、持ち主の力を増し、幸運を招くために使われている。魔除けとお守りは、一枚のコインの表裏をなす。前者はわざわいを追い払うためのもので、後者は福徳を増進するためのものである。[10]

マスコットもまた護符やお守りの一種である。マスコットという言葉は、フランス、プロヴァンス地方の魔女マスコ（masco）に由来するそうだが、これは幸運をもたらすものとして、身近において愛玩する小動物や人形などをさす。[11] ときには「マスコットガール」のように人間であることもある。

呪物が機能するとされる原理には主に二つあり、一つは「接触の原理」であり、ある物に内在している性質が、接触によって人間に伝わるという信念によっている。もう一つは「類似の原理」で、類似物は類似物に影響する（たとえば赤い色のものが流血を止めると見なされるなど）というルールによっている。[12] 魔除けやお守りとして選ばれるもののリストの一例を挙げてみる。[13]

①穴の開いた石のように形が変わっているもの
②四つ葉のクローバーのように稀少なもの
③薬草の草や花
④野うさぎの敏捷さや雄牛のたくましさを具現するような、またはそうした動物の攻撃から身を守る力があると思われるような動物の身体の一部
⑤聖人や英雄の遺物、または彼らの埋葬された場所の土
⑥男神や女神の小像
⑦魂が天に昇る手段を表すミニチュアの梯子のような、象徴的意味が込められた日用品の模型
⑧外国産のエキゾチックなもの

本書では③の薬草、④の一種として本物の角ではないが角の形をしたもの、そして⑤に関連しては例外的に、魔除けやお守り（すなわち聖人の遺物など）そのものではなく、疫病除けや疫病平癒祈願のためのカトリックの聖人たち自身への帰依について述べた。また類似物が類似物に影響する例として赤い色の力、結び目の力について取り上げる。さらに、鉱物や宝石の力、

また、主に目の形をした邪視よけの護符や、男性器・女性器を象ったものについても述べる。お守り、護符、魔除けなどの言葉を厳密な区別なしで使っている場合も多々あるが、大目に見ていただきたく思う。

新型コロナウィルス感染の時代を共に生き抜いた読者の皆さんと、遠い過去から人間の営みの根底にあるともいえる象徴作用の一端である魔除けや護符について、西洋、特にイタリアの例を見ながら、この先の未来を私たちがどう生きていくのかに思いを馳せることができればと願っている。

目次

Amuleti e scongiuri in Occidente da Plinio alla cultura pop

第1章

角(コルナ)の力

角(コルナ)の力

❶ コルニチェッロ（小さな角）

まずは、筆者が昔留学していたナポリでポピュラーな魔除けから始めたい。

海から小高い丘になだらかな斜面を描く地形が神戸に似ているという人もいるが、明るい陽光の元で通りには庶民たちの声が響く、そんな闊達な魅力に溢れるこの街には、表からは見えない貴族たちの連綿と続く世界があり（残念ながら留学中にその世界を垣間見る機会はなかったが）、いっぽうで一種オカルト的・秘教的な伝統も受け継がれている。また、秘教とまではいかなくとも、民間信仰が根強く残っている場所、別の言い方をすれば迷信深い場所として認識されている。ナポリでは摩訶不思議な出来事がごく自然に起こるのである。映画の中でもたとえばエットレ・スコラ監督の『マカロニ』（一九八五）のラストシーンなどにそれが現れている。マルチェッロ・マストロヤンニ扮するアントニオが死んで横たわる部屋の隣には、かつて二回死んだと思われたアントニオが奇跡的に生き返った時と同じように、家族が集まり茹でたての昼食のマカロニが湯気を立てている。そしてアントニオが息を吹き返したことを暗示する場面で映画は終わる。また、新しいところではイタリアに帰化したトルコ出身のフェルザン・オスペテク監督の『ベールに包まれたナポリ』（二〇一七。日本では『ナポリ、熟れた情事』というポルノまがいのタイトルがつけられてしまった）は、フリーメーソンの一員でもあった十八世紀の貴族ライモンド・ディ・サングロが錬金術の実験を行ったサンセヴェーロ礼拝堂などのナポリの秘教的な場所を巧みに取り入れながら、ナポリの暗闇に潜む死の影や幽霊（ファンタズマ）などを描いている。[1]

さて、ナポリの街角の屋台の土産物屋やキオスクなどで必ず目にするのが、ジャラジャラとぶら下げられた赤い角の形をしたお守りである（❶）。それは小さな角を意味するコルニチェッロ（cornicello）、あるいは単に角を表すコルノ（corno）と呼ばれている（❷）。イタリア全体で使われるが、特にナポリでは非常にポピュラーだ。『思いがけない幸運続き Colpi di fortuna』（二〇一三。日本未公開）というタイトルのコメディ映画では、エピソードの一つの中で、（ナポリ人ではないのだが）非常に迷信深いビジネスマンが、空港のセキュリティーを通過する際にコートを脱ぐよう促されると、その内側に無数にぶら下がった赤い角のお守りが見えている（❸）。

❸『思いがけない幸運続き』のワンシーン

哺乳類では雌に角が生えるものもいるが、一般的には角は雄の方が大きく、雌や餌場の取り合いなどで、雄同士の威嚇や喧嘩の武器として使われる。角の立派さは、その動物の強さを表しており、集団における地位の確認でもある。「頭角を表す」

❷ コルニチェッロ

❶ ナポリのキオスクにぶら下がるコルニチェッロ

という言葉でも「角」が抜きん出た資質と結びつけられていることがわかる。このように生物学的にも、大きな角を持つ雄は雌へのアピール力があり、したがって繁殖力も強い。新石器時代から角は強さと豊穣（生殖力）のシンボルであり、人間は自分たちの住む洞窟の入り口に角を飾ったりしたという。ヴァイキングのヘルメットはしばしば大きな二本の角をつけた形で表されるが、同様に西洋中世の兜の飾りにも、日本の武将の兜にも角がついたものがある。鹿の角を刀置きに使ったりもする。しかし、とくにイタリアと南欧の邪視避けについて研究し『邪視』という大著を著したヴィクトリア朝時代のイギリス人学者エルワージは、角は月の象徴であったことから強力な護符であったとし、古代ギリシャ人、エトルリア人、ベルガエ人、サクソン人の兜につけられた角を、むしろ護符としての役割と結びつけている(2)。

角はこうして、災難を退け、富をもたらすものと考えられた。ナポリに限らず古代ローマ世界では角の形の護符は紀元前からあったとも言われるが、中世になると金工細工師や宝石細工師が角の形の装飾品を作るようになった。

ところでこのコルニチェッロは自分でお守りとして買ってはいけないそうで、必ず人から贈られなければ効果はないそうだ。私もナポリで友達に「買ってあげようか」と何回か言われたが、当時まだ若かった私にはその護符をジャラジャラ下げるのはあまりにもダサく見えたために「いやいや結構です」と丁重にかつ頑なに断ってきた。この本を書くにあたって手元に一つもコルニチェッロがないのが残念至極で、若さゆえの見栄を今では深く後悔している。

❷豊穣の角（コルヌコピア）

小さな角コルニチェッロは、先が尖りゆるやかにカーブしている。この形はコルヌコピアと類似している。コルヌコピアというのは、赤ん坊のゼウスに乳を与えた山羊のアマルテイアから取られた角で、アマルテイアに名誉を与えるため、ゼウスはこの角を黄金の果実で満たし、空になるとまた元どおりに満ちる力を与えたという。この「豊穣の角」は、果実だけではなく花や宝石などが溢れんばかりの様子でも描かれ、豊穣の女神デメテルや河の神もこれを持っている（❹）。

ナポリの歴史的中心街には二、三世紀頃に作られたナイル河の擬人像、あるいはナイル河の神の像がある（❺）。現在その像が置かれている場所はローマ時代にエジプトのアレクサンドリアからナポリに移住した人々の居住地区である。そこには今もナイル通り（ヴィア・ニーロ）があり、細長い広場はこの像にちなんでナイル河小広場（ピアッツェッタ・ニーロ）と名付けられた。洪水のたびに肥沃な土を運ぶナイル河は、とりわけ豊穣のシンボルとしてふさわしい。ナイル河の図像はルネサンス時代のヴィンチェンツォ・カルターリの『古代の神々の像』にも図解されている。それによるとコルヌコピアを持つナイル河の神の周りを多くの小さな童子（プット）が囲んでいる。中国の沢山の

❹《豊穣 Abondanza の擬人像》（チェーザレ・リーパ『イコノロジア』より）

❺《ナイル河の神の像》 2-3 世紀 ナポリ、ピアッツェッタ・ニーロ

唐子（からこ）たちが豊穣のシンボルであるのと同じように、このプットたちも豊穣のシンボルである。またナイル河のシンボルとしてワニが描きこまれている（❻）。ナポリのナイル河の神の大理石像にもワニとプットが付随し、さらには河の神はスフィンクスの像にもたれかかっている。一九〇〇年あまりの間に何度も場所を移され、破壊され、また一部が盗まれるなど様々な災難をくぐり抜けてきたこの像であるが、一九五〇年頃に盗まれて行方知れずだったスフィンクスの頭部は、二〇一三年にオーストリアで見つかり、二〇一四年に修復された[3]。

角が豊穣のシンボルとなるのは、動物の強さの象徴であるからでもあり、またその形が三日月を思わせるからでもある。宗教学者エリアーデは水と月と女性性を結び付けているが、三日月型の角を持つ牛は、大地母神の表徴（アトリビュート）の一つでもあり、農耕にも深くかかわる豊穣のシンボルである[4]。月の女神ディアーナは豊穣の女神でもある。中国文化研究者の中野美代子氏は、外側は男根を思わせるが、中は空洞で女性器を思わせる角は、一体のうちに男性性と女性性を内包することで、いっそう強力な力を発揮したと言っている[5]。

❻《ナイル河の神》（ヴィンチェンツォ・カルターリ『古代の神々の像』より）

❸コルナ（角）

次に人差し指と小指を立てて二本の角を表し、イタリアではコルナと呼ばれるジェスチャーを紹介

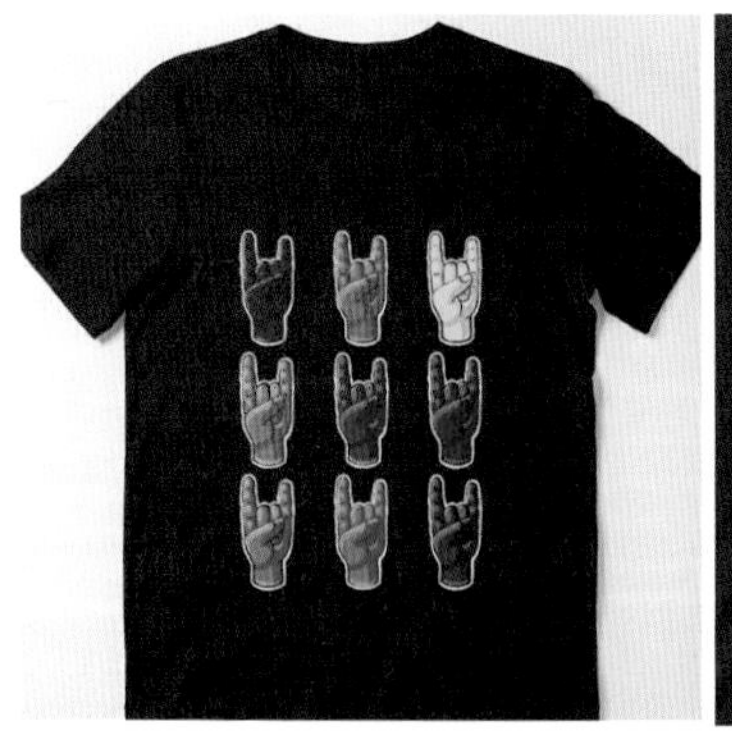

❼ イタリアの護符をプリントしたＴシャツ

❾ おどけてコルナのポーズを取る子供

⓫《夫婦の棺》 前１世紀　ヴォルテッラ、グアルナッチ考古学博物館

❿ 赤穂市のジェラート店 Sciò sciò の看板

しよう。コルナ（corna）はイタリア語で角（corno）の複数形である。人々はコルニチェッロを身につけるのと同じように、珊瑚や貴金属で作ったコルナ形のお守りを身につける。また手を使ってこのジェスチャーをするだけでも厄除けになる。コルニチェッロに限らず、この先紹介していくイタリアの様々な護符を胸にプリントしたTシャツが、今は通信販売で入手できるらしい（❼）。

さて、人差し指と小指を立てるこのジェスチャーそのものにはいろいろな意味があり、イタリアやポルトガル、スペインなどの南欧地域では「お前の妻（夫）は浮気をしているぞ」を意味するサインでもある。これはギリシャ神話のミノタウロスの物語に由来するという。雄牛の上半身を持つとされるミノタウロスは、クレタの王ミノスに贈った白い雄牛を王が約束通りに生贄として差し出さなかったことに怒ったポセイドンが、王の妻パシパエがその白い雄牛と交わるように呪いをかけた結果生まれた不貞の子である。妻の雄牛との不貞を暴露するのが角の生えた子ミノタウロスという訳だ（❽）。このポーズは「寝取られ男」という深刻な誹りを示すだけではなく、単に人を馬鹿にするときや嘲笑するときにも使い、イタリア人の子供などは、写真を撮る時におどけてこのポーズをとったり（❾）、こっそり人の頭の後ろから二本の角が出ているように見せかける悪ふざけをよくやる。一方でこれは災難から身を守る厄除けのポーズにもなる。降りかかる災難のうち最も恐れられているのは、のちに第5章で詳しく扱う「邪視」あるいは「邪

❽《ミノタウロスを殺すテセウスとアテナ》アイソン作キュリックス　前5世紀　マドリード、国立考古学博物館

眼」と呼ばれるもので、世界中の民族で信じられているが、とくに地中海世界では古くからよく知られている。メドゥーサと目を合わせたものは石に変わり、バジリスクという怪物はその視線で相手を殺すというが、人間にもこうした力を持つものがいて、邪視によって不幸や病気・怪我がもたらされると信じていた。そしてそれを防ぐために多くの魔除けが作られたわけだ。

兵庫県赤穂市にあるジェラート屋さんがこのコルナのジェスチャーを商標にしているのをみつけた（⑩）。看板に書かれている店の名、Sciò sciò という言葉は動物などを追い払うときに発する音で、日本語の「しっしっ」ともよく似ている。オノマトペは文化や言語を超えて共通するものが多い。第５章でも触れるが、童謡にもなっている魔除けの言葉を連ねたナポリの詩の中にも Sciò sciò ciucciuè という言葉が出てくる。ciucciuè とはナポリ方言でフクロウのことである。フクロウは夜の鳥で不吉でもあるし、何よりも暗がりでその目だけが光っている。この呪文は「あっちに行けフクロウよ」と言いながら、邪視をはねのけようとしているのだ。

イタリア半島では、角の形の護符が紀元前から使われていたことは先に述べた通りだが、このジェスチャーも古くから魔除けとして使われていたことが知られている。紀元前九世紀頃のヴィッラノーヴァ文明に基礎を置き紀元前七世紀にはとくにイタリア中部地方に栄えたエトルリア文明では、石やテラコッタの棺の蓋の上に死者の似姿の像がしばしば乗っているが、たとえばヴォルテッラにあるグアルナッチ考古学博物館でも多くの棺の上の塑像がこのジェスチャーをしているのが見られる（⑪）。これは死者の魂が冥土への旅路の途上で災厄に遭遇しないようにというまじないなのであろう。

4 メロイック・サイン

ところで、この指サインこそは、今では単にRock onというような意味合いになっているようだが、ヘヴィメタルのライヴでは皆がやっているメロイック・サインと呼ばれるものの元祖であるらしい（⑫）。サム・ダンという音楽人類学の研究者が、二〇〇五年に『メタル ヘッド・バンカーズ・ジャーニー』というヘヴィメタルのドキュメンタリー映画を製作した。その中で、ブラック・サバスなどに所属していたヘヴィメタルの父とも呼ばれるロニー・ジェイムズ・ディオが、メロイック・サインは自身の祖母がよくしていたジェスチャーが元になったと語っている[6]（⑬）。イタリア系の彼の祖母は「邪視を払う」ためこのポーズをしばしば取っていた。祖母が発していたイタリア語で邪視を表すマロッキオ（malocchio）という言葉から、メロイック（meloik）へと音が変わったということらしい。このサインについては、二〇一七年にキッスのジーン・シモンズが別の名前devil-hornsでアメリカ合衆国の特許庁で特許を取ろうとしたところ、ロニー・ジェイムズ・ディオの未亡人をはじめ、多くの人から非難囂々で、それを諦めたというエピソードもある。イタリア人の手のジェスチャーを図入りで説明する

⑫ 日本の代表的なヘヴィメタルバンド Sex Machineguns ライブ風景

⑬ ロニー・ジェイムズ・ディオ

一覧表はしばしば見かけるが、英語の指サインという表を見つけた。ほとんどのサインの創始者はunknownとなっているが、Rockと呼ばれるこのサインにはロニー・ジェイムズ・ディオが創始者と明記されている（⓮）。

ところで、このポーズはロック界のメロイック・サインとしてだけでなく、プロレスラー、スタン・ハンセンが取るポーズとしても有名である（⓯）。彼は試合開始前にこの指サインを作った右手を高く掲げて「ウィーッ」と鬨の声をあげていた。この人は絶対ロック・ファンには見えないという昭和生まれっぽい人がこれをやっていたら、きっとプロレスファンに違いない。ハンセンの使うこの指サインは、テキサスにメキシコから持ち込まれて野生化した長い特殊な角を持つ牛、テキサス・ロングホーンの角を表していると言われてきたが（⓰）、ハンセン自身はこれは若者（Youth）のYを指していたと言っているようだ[7]。しかし、ウエスト・テキサス大学で、また卒業後もアメリカンフットボール選手でもあった彼がこのポーズを使っていたら、それがテキサス・ロング

good job creator: unknown	hitchin' a ride creator: unknown	dislike creator: unknown
peace, man creator: unknown	shocker creator: unknown	you creator: unknown
a-ok creator: unknown	a-hole creator: unknown	check, please creator: unknown
F-YOU creator: unknown	good luck creator: unknown	ROCK creator: Ronnie James Dio

⓮ 英語の指サイン

⓯ スタン・ハンセン

ホーンを表しているると思いたくなるのも無理はない。このポーズは一九五五年にテキサス大学の運動部員への応援のポーズとして考案されたもので、部員同士の挨拶代りにもなるそうだ（⑰）。テキサス魂というか、テキサス人の地元愛が溢れているこの指の形にもやはり、雄牛の勇猛さにあやかりたい気持ちが満ちている。雄牛をチームのマスコットにしているアメリカンフットボールチームはテキサスに限らず多い。考えてみれば日本にも近鉄バファローズ（今はオリックス・バファローズになってしまったが）の例があるように、他のスポーツにおいても雄牛は人気である。

ちなみにアイドルとメタルを融合させたという、国外でも人気の日本人女性のユニットBABYMETALは、メタルの神「キツネ様」のお告げで「メタルレジスタンス」として活動しているということになっており[8]、メロイック・サインではなく日本の伝統的な影絵の「狐」の指サインをする（⑱）。それは、とあるテレビ番組でメロイック・サインをするよう求められた時に、彼女たちがロニー・ジェイムズ・ディオのこのサインを知らず、勘違いをして指で狐を作ったことに由来するそうだ[9]。

イタリアでポピュラーな魔除けの仕草がイタリア移民とともにアメリカに渡り、やがてそれは一人のイタリア系ヘヴィメタル・アーティストによって

⑱ BABYMETAL
キツネ様のサイン

⑰ テキサス大学アメリカン
フットボールチームの選手

⑯ テキサス・ロングホーン

全世界でヘヴィメタルのシンボルとして認識されるようになった。しかし、それは日本では誤解によって、古くから日本に伝わる影絵と融合して新たなキツネ様という神を作り出した。これは、記号や図像が異文化間を伝播する際に他文化の影響を受けたり誤解されたりしながら変容していく現象の現代の一例として非常に興味深い。

5 角笛・リュトン・オリファント

イタリア語の角の単数形はコルノ（corno）である。これはそのまま角笛や楽器のホルンを指す言葉である。コルノの縮小形コルネット（cornetto）もトランペットによく似た管楽器の名前になっている。ちなみに朝食に食べられる三日月型あるいは角型の菓子パンは、南イタリアではまさに小さな角（コルネット）という名で呼ばれている（⑲）。これは北イタリアではブリオッシュというお菓子の名で呼ばれているが、フランスのブリオッシュとは異なる。このブリオッシュは一六八三年にウィーンからヴェネツィアにもたらされた三日月の形をしたキプフェルというお菓子がヴェネト地方の菓子職人によって変容させられたものだという。文字通り三日月を意味するクロワッサンもまた、一八三八年にパリにオープンしたウィーン風パン屋で同じキプフェルから派生したとのことで[10]、それと混同されがちだが、クロワッサンは材料に卵が使われておらず、コルネットとは別物である。

中世の騎士道物語に出てくる角笛はしばしば魔法の力を持っている。たとえば

⑲ イタリアのコルネット

クレティャン・ド・トロワのアーサー王物語の一つ『エレックとエニッド』では、エヴラン王の甥にあたる巨人マボナグランが恋人の望む通り、王の城内にある不思議な庭園に侵入する者たちと戦い、その命を奪っていた。騎士エレックは庭園の番人マボナグランを倒し、角笛を吹き鳴らすことで魔法を解いた。[11] C・S・ルイスの『ナルニア国物語』シリーズの『カスピアン王子の角笛』でも、カスピアン王子が助けを求めて吹いた角笛の音に引き寄せられるように、ペベンシー四兄妹は時空を超えて王子の前に現れる。

角笛に宿る魔力は、角そのものが象徴する力の他に、たしかに「音の力」に多くを負っているのだろう。音や音楽は癒しを与えたり邪を退けたりする力があると考えられてきた。たとえば山伏の法螺貝も、野獣を追い払い魔を退けるものだった。日本の風鈴も魔除けとして平安時代から使われていた。占いに使われていた青銅製の風鐸が仏教と共に日本に入ってきて、寺の塔などの四隅に吊り下げられるようになったのが風鈴の起源であるというが、強い風が悪い神や疫病を運ぶと考えられていた当時は、風鐸の音が鳴り響く範囲には災いが近寄らないと考えられた。やがてそれは風だけではなく、高温多湿で菌が広まりやすい夏の邪気を払う道具、風鈴となったということだ。[12] 風鐸や風鈴のような軽妙な音はもちろん、凛と響き渡るような角笛の音にはたしかに澱んだ空気を浄化する力が宿っているように感じられる。カスピアン王子が吹いた角笛の音は「水の上をわたる音楽のようにすずしく、こころよくて、そのくせ森をふるわすほどの力強いひびき」であたりの空気を満たした[13]と、描写されている。

また角笛の場合には、リュトンのようにその音が角を通って発せられることで、さらに超現実的な力を帯びると考えられたのであろう。リュトンには動物の頭部を象ったものもあるが、角の形のものもあり、これには角杯とは異なり、先端部分にも穴があいている（⑳）。古代ギリシャや古代ペルシャでは儀式において開口部から酒などを注ぎ入れ、先端部分の小さな穴を通して他の容器に分けるときに使われた。リュトンを通った飲料は神聖な力を帯びると信じられていた。おそらく動物そのものにも神聖さが宿ると考えられたのであろうが、リュトン（流れるもの）と呼ばれるようになる以前には角杯（keras）と同じ呼び方をされていたところをみると、「角」の持つ力というものも影響していたかもしれない。このように角を通った飲み物が神聖化されるのだとしたら、角の中を通った空気も超自然的な力を帯びると考えられたのだろう。

角（コルノ）と呼ばれる楽器は、実際に角から作られたものだけではなく、青銅などを使ったものもある。現在のトランペットやホルンも金管楽器である。古いものではデンマークから出土した五世紀のものと言われる黄金製の角笛がある。また九世紀から十二世紀にかけてはオリファントと呼ばれる象牙製のものが数多く作られた（㉑）。これは厳密には角笛とは呼べないが、象という動物の実態

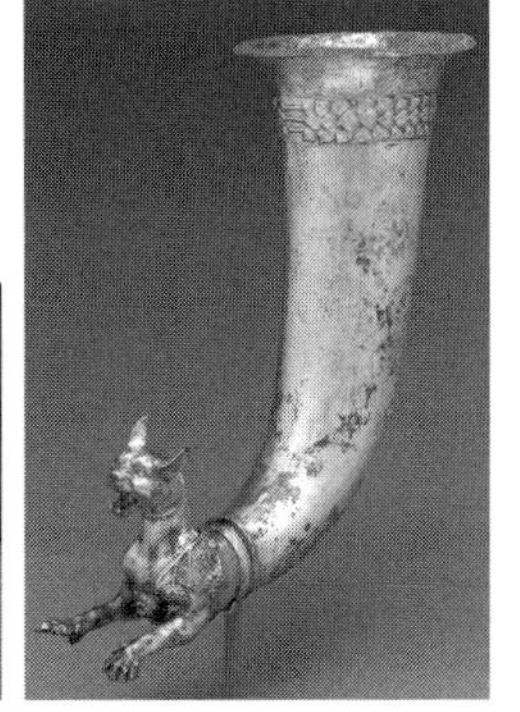

右：⑳《山猫型の飲み口を持つリュトン》　前1世紀　銀製　メトロポリタン美術館
左：㉑ オリファント　11-12世紀　ウィーン美術史美術館

がはっきりと知られていなかった中世には、実際は象の歯である象牙は、象の角であると考えられていたのだ。オリファント（仏語ではオリファン）とはラテン語で象を意味するエレファンスの同義語である。美しい浮き彫りを施されたオリファントは、象牙で作られた匣（カスケット）などと共に王侯貴族や高位聖職者への贈り物であり、聖遺物入れなどとして教会の宝物にも加えられた。

一〇七〇年から八〇年にかけて制作されたバイユー・タペストリーには、角笛が船の舳先で吹かれているシーン（㉒）、狩りの角笛として吹かれているシーンの他に、飲み物の杯として使われている様子が描かれている（㉓）。オリファントや角笛のこの杯としての用途はのちに禁じられたが、『アーサー王物語』の中には、角杯としての角笛が登場するものがある。「角笛のレー」[14]と呼ばれる十三世紀後半の写本に含まれる古フランス語の韻文物語だ。物語は次のようである。アーサー王の祝宴の場に妖精の作ったという角笛が届けられた。この不思議な角笛は杯として使われることが想定されており、そこから酒を飲むことができるのは、決して夫以外の他の男性に気持ちを寄せたことのない貞淑な妻を持つ男だけだと角笛には書かれていた。アーサー王がそこから酒を飲もうとしたところ、角杯はひっくり返ってしまった。妻の不貞を疑い妻に手をかけようとしたアーサー王であったが、すべての客人がその角から酒を

㉓ 宴会で杯として使われるオリファント　㉒ 舳で吹かれる角笛
《バイユー・タペストリー》1070-80 年

飲むことができないのを見て「馬鹿にされたのは私だけではない」と笑い出し、妻にも詫びた。アーサー王の妻の「上流のものも下流のものもすべてこの杯で試してみなさい」という言葉に応えカラドックという優れた騎士が試したところ、酒を飲むことができ彼は褒美をもらった。[15] このレーの「角」が先に述べたような「寝取られ者」を暗示しているのかは定かではない。「角笛のレー」を収録する写本は一つしかないとのことだが、[16] 十九世紀初頭にアヒム・フォン・アルニムとクレメンス・ブレンターノが共同で編んだドイツの民謡集の中に、「魔法の角笛」という歌がある。ある青年が馬に乗って妖精が作った世にも美しい調べを奏でる角笛を女王に届けるというもので、アーサー王は登場しないもののの、角笛の美しさとそれによって奏でられる世にも妙なる調べの叙述が共通している。ドイツ民謡の方を一部引用してみよう。

少年の手には角笛ひとつ　かざりは黄金の帯四すじ
（中略）
角笛は象牙づくり　まれにみるその大きさ
またとないその美しさ　まわりには環をめぐらし
白銀にもまがうその環に　さがるは純金の鈴百個
（中略）
美しい少年は告げた「この角笛をならすには

ほんの指先いっぽんで　ほんのお指で一押しを──
さすれば鈴はいっせいに　あまやかになりひびきます
いかなる竪琴の音も　乙女の歌もおよびませぬ
空の鳥もはたまた　海の人魚の歌さえも
このひびきにはおよびませぬ」
いいおわるや少年は立ち去った[17]

妖精の作った不思議な角笛の話は広い地域で長い間流布していたのだろう。

シャルルマーニュの甥で十二勇士(パラディン)の一人ローランの武勲を歌う十一世紀成立の叙事詩「ローランの歌」(18)でも、角笛は重要である。物語の角笛に関わる部分は以下のようである。ピレネー山中ロンスヴォーでのサラセン軍との戦いで、殿軍として二万の兵とともに残った十二勇士たちだったが、敵の大軍が近づいていることがわかり、戦友オリヴィエは先に引き上げたシャルルマーニュの援軍を呼び返すため角笛(オリファン)を吹けとローランに促す。虚栄心からそれを拒み続けたローランだったが、多勢に無勢でとうとう味方が六〇騎になったとき、角笛を吹く決心をする。力一杯角笛を吹く彼の口からは血がほとばしりこめかみが破れた。ローランは戦場に戻り敵軍に挑み続けるが、仲間は次々に敵の刃に斃れた。苦しむローランのために小川の水を角笛で汲もうとした大司教チュルパンもまた、力尽きた。死期の迫ったローランから名剣デュランダルを奪おうとしたサラセン兵にローランは角笛で殴りかかり、角笛の朝顔部分は砕け、飾りの黄金も水晶も粉々になった。ローランの角笛を聞いて戻ってきたシャルルマーニュの大軍は激闘の末勝利し、サラゴサを占領した。帰途ボルドーに立ち寄ったシャルルマーニュは、サン・スーラン聖堂の祭壇に黄金を詰めたローランの角笛を献納した。

トゥールーズのポール・デュピュイ博物館には「ローランの角笛」と呼ばれるも

㉔ 通称《ローランの角笛》 11世紀に南イタリアで製作
象牙 トゥールーズ、ポール・デュピュイ博物館

のの一つが所蔵されているが㉔、十一世紀に製作されたものであり、八世紀に生きたというローランが実際に所有していたものではない。これはトゥールーズのサン・セルナン聖堂の宝物であったことが知られており、聖堂の名の類似からボルドーのサン・スーラン聖堂に献ぜられた角笛と混同されたためかもしれないと言われているのだが、このオリファントの朝顔部分は半分欠けており、叙事詩の語るところと一致することが、「ローランの角笛」と呼ばれる所以かもしれない。

　オリファントはこのように騎士たちにとって極めて重要な象徴的なものとして登場するが、キリスト教でも特別に重要視されたのは、象牙が純潔のシンボルであったからでもある。旧約聖書の「雅歌」（7・5）には花嫁の首の美しさを讃えて、それを「象牙の塔 turris eburnea」に喩えるくだりがあり、白く硬い象牙はのちに聖母マリアの純潔の象徴となった。聖書に登場するラッパは羊の角笛（ショーファ）だそうだが、「黙示録」（8－11）の天使たちが吹くラッパ

㉕《黙示録の天使》　11-12世紀　トルチェッロ、バジリカ・ディ・サンタ・マリア・アッスンタ

もしばしばオリファントに似た形で描かれている㉕オリファントは象牙の清らかさで邪なものを遠ざけるだけでなく、さらに角笛の音の魔力を加え持つのだ。音が遠くまで響くように朝顔を上に向けて吹く角笛やオリファントでは、音が天に向かって発せられることも、神聖さと結びつけられる理由かもしれない[19]。オリファントはそれゆえに教会の宝物の中にしばしば見出される。一〇三〇年の記録では、聖フォワの聖遺物がコンクからモロンピーズへと移送される際に、クッションの上に鎮座したオリファントもまた行列の中で運ばれたという[20]。

6 ユニコーン（一角獣）

リュトンにはその中を通る飲料を神聖化する働きがあると信じられていることは先に述べた。角による浄化作用といえばユニコーンを思い出さずにはいられない。紀元二世紀にエジプトのアレクサンドリアで書かれたと言われる、実在のあるいは想像上の動物や鉱物などの性質をキリスト教的な寓意で説く『フィシオログス』の、ギリシャ語の一ヴァージョンには次のようにある。

ある地方に大きな湖があって、野のけものたちが水を飲もうと集まる。しかし動物たちが集まる前に、蛇が這いよってきて、水に毒を吐く。動物たちは毒を感ずるともう飲もうとしない。彼らは一角獣を待っている。そうしてそれはやってくる。一角獣はまっすぐ湖の中まで来る。そうして角で十字を切ると、毒は消え失せて、かれは水を飲む。ほかの動物たちもみんな飲む[21]。

ユニコーンはそもそもは犀という実在の動物をモデルとしている。ではなぜこの犀をモデルとする動物の角に水を浄化する力が宿ると考えられたのだろうか。一つには犀の角そのものが薬として流通していたからである。紀元前四世紀にペルシャ王の侍医となったギリシャ人医師クテシアスは、ギリシャ帰還後に彼の地で見聞したことを回想録『ペルシカ』に、そしてインドについて彼が聞いたことを『インディカ』に著わした。そして、そこにインドに棲息する一角獣について、そしてその角から作った杯の持つ解毒作用について書いたことが、のちの他の著述家の引用から知られている。

インドには、馬ほどの大きさがある、野生の驢馬が生息していると聞いた。……額には一ペキュス半の長さの角が生えている。角の下の部分は白色だが、上のほうは赤紫色で、その中間は真っ黒である。聞いたところによれば、インド人たちはこの色とりどりの角で酒を飲むが、誰しもがそうするわけではなく、それはインド人の中でも最有力者たちだけに許された行為である。また彼らは、まるで彫像の美しい腕をブレスレットで飾るかのように、角杯の周囲にストライプ状に金を貼る。話によれば、この角杯から酒を飲んだものは、不治の病に罹ることもないと言う。痙攣やいわゆる「神聖な病」に見舞われることもないし、毒死することもない。先に服用してしまった場合にも、毒を吐き出して、回復する。[22]（45q）

クテシアスが記録した多くのことは彼が実見したことではなく伝聞に頼ったものであったが、彼がモノケロス（一角獣）と表したものこそは犀のことであった。モノケロス（一角獣）の角に解毒の効能があるという言説は、中世・ルネサンスを通じて普及した。この先第3章や第4章で鉱物や植物による解毒薬についても扱うが、古代から解毒薬、ことに毒蛇の咬傷にたいする解毒薬は珍重されていた。皇帝ネロのためにアンドロマコスによって発明されたものとして知られているが、実際にはその一世紀程前にポントゥスの王ミトリダテスが作ったとされる解毒薬テリアカも、最初は蛇毒などの動物の毒に対して作られた。

『フィシオログス』でも、水に毒を撒いたのは蛇ということになっているが、古代・中世・ルネサンスを問わず権力を持つ者は毒殺の危険に常にさらされていたであろうから、自分の飲み物に毒が盛られたとしても命の危険から救ってくれる一角獣の角で作ったという杯を皆こぞって買い求めたであろう。実際には犀の角でもなく、一角は一角でも海の哺乳類イッカク（この動物の角に見える部分は実は歯である）などの角や他の動物の骨などが、一角獣の角と偽って使われていたようだが。[23]

㉖ 一角獣薬局のフリーズ（ドイツ、メミンゲン市）

㉗ 水を清める一角獣（『ボルソ・デステの聖書』1455-61年　フェッラーラ、エステンセ図書館）

医者の家系の紋章や薬局などの商標に一角獣が使われるのは、一角獣の角の解毒作用ゆえだが（㉖）、領主たちも一角獣を紋章に使った。それは一角獣が途方もない勇気と力の持ち主であることや、孤高の存在であることの他に、治水がルネサンスの領主たちにとってきわめて大切な事業の一つだったからだ。たとえばフェッラーラの君主ボルソ・デステのインプレーザ（通常銘を伴う紋章）の一つは水流を調整する柵の中に座り、角を水に浸している一角獣である（㉗）。これは彼自身が行ったポー河の湿地帯の干拓治水事業の功績を象徴しているのだ。[24] 中世に作られた水差し（アクアマニーレ）で一角獣の形をしたものは、まさにその水を清める力を体現しているともいえるが（㉘）、今に残る水差しの中に一角獣型のものは意外と少ないようだ。

7 角の衰退

特に古代社会では勇猛さや豊穣のシンボルであった動物の角の名残りは、カトリックの聖人の一人、エウスタキウスが鹿の角の間に十字架を見たという伝説や、旧約聖書のモーゼの頭から発せられる輝きがラテン語版のウルガタ聖書で「角」と訳されたことから、ミケランジェロのモーゼの例のように（㉙）、中世からルネサンスの角を生やしたモーゼ像にも見ら

㉘《一角獣型アクアマニーレ》 14世紀　パリ、クリュニー美術館

㉙ ミケランジェロ 《モーゼ》 1513-15年　ローマ、サン・ピエトロ・イン・ヴィンコリ

れる。しかしキリスト教では次第にネガティブなものと考えられるようになった。キリスト教やユダヤ教ではそもそも人間が生き物のヒエラルキーの頂点に立ち動物たちを支配するという考え方があるのも、人間と動物の混成（ハイブリッド）が忌み嫌われるひとつの原因だろう。

牛はその角の形が三日月を想起させることから、月の運行と関係する農耕と豊穣の女神に結び付けられるが、天候神である男性神の台頭によって大地母神の地位が低下したことは、エリアーデやヨーロッパの古層の女神についての著作を著したマリア・ギンブタスなどが述べている通りだ[25]。土や大地と結び付けられる存在は次第に世俗世界や悪徳と結びついていく[26]。ミトラ教においても、牛は太陽神

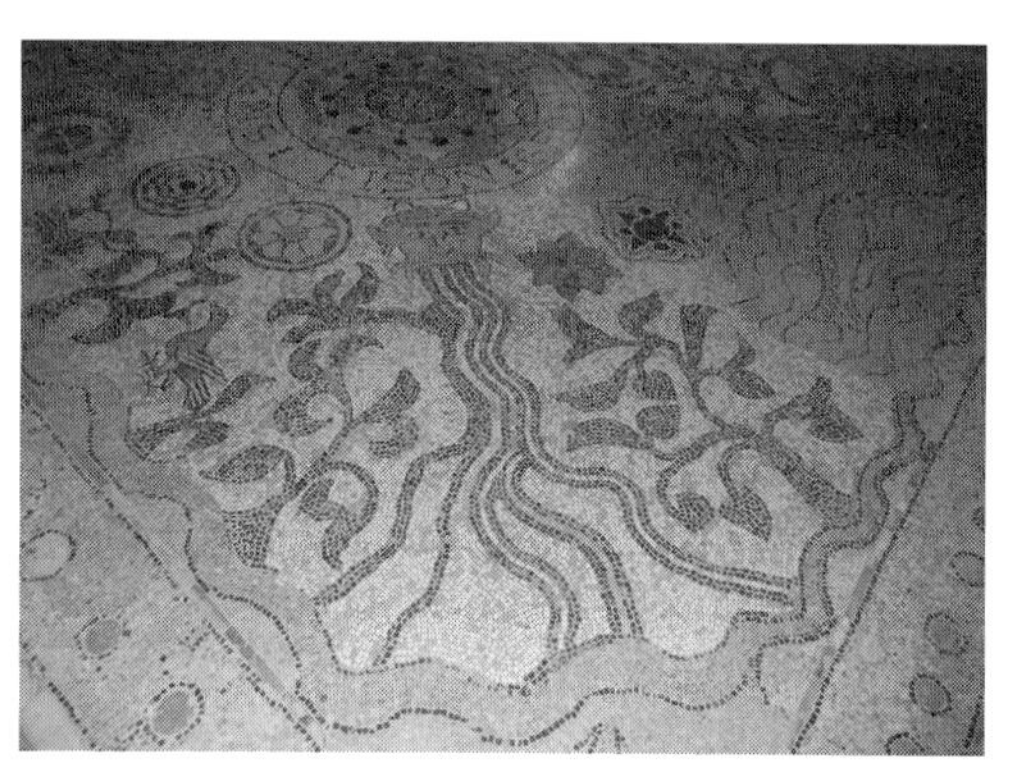

㉚《パラダイスの四つの河》12世紀　ディー旧司教館礼拝堂

㉛《オケアノス》モザイク　2世紀　スーサ考古学博物館

㉜《レアンドロスとヘーローの物語と4つの風》ドゥッガ出モザイク　2世紀　バルドー美術館

＝光であるミトラに屠られる「暗闇」を表しており、光＝善にたいする悪というイメージが強められた。三日月がイスラムの象徴であることもイメージを悪くする要素だっただろう。

　中世では風や河の擬人像の頭に角が描かれる（㉚）。これは古代の海の神オケアノスの頭につけられた蟹などのハサミ（㉛）や、風の神の頭部につけられた翼（㉜）が誤解されたものでもあるだろうが、おそらく悪魔の図像自体の変化も、角の地位低下と軌を一にするのだろう。悪魔は中世初期には時に翼を生やした小さい毛むくじゃらの黒い人間のような姿で描かれたが[27]（㉝）、次第にユダヤ教徒のシンボルとされた山羊の角や、古代の海の神オケアノスの図像が借用されることで、角を持つ獣のような姿になっていく。古代神話のサチュロスなども悪魔の図像の着想源の一つであった。かくして、現在われわれが思い浮かべるような、山羊の角や動物の手足や、蝙蝠の翼などを持つ悪魔の図像が定着していくことになる[28]。

㉝《キリストの誘惑》に描かれる悪魔
（『シュトゥットガルト詩篇』fol.107r）

メロイック・サイン・ポーズの Sex Machineguns

テキサス大学アメリカンフットボールチームの応援

第2章 赤の力

赤の力

❶ 赤の力

さて、第1章で述べたコルニチェッロには金製や銀製のものもあるのだが、一番ポピュラーなのは赤い色をしているものだ。今ではプラスチック製の安いものもあるが、本来は赤い宝石珊瑚の色だった。赤は多くの文化で幸運、力強さを表すもので、西洋でも力、多産、健康、裕福さを表し、中国でも縁起のよい色である。

もっとも、赤信号のように赤は危険を知らせる色でもあり、イタリアでも地域ごとのコロナ感染状況を知らせる指標の最も危険な段階の色だったので、今は「赤」のイメージが悪くなっているかもしれない。日本でも天気図で暴風雨などの警報クラスには最も強いものが赤、注意報クラスは黄色で示されていたように記憶しているが、最近の気候変動で、それよりも危険な状態は赤紫などで表されるようになっているようだ。また特別警報クラスは黒なのだそうだ[1]。

世界で初めて使われた信号機は一八六八年ロンドンでのガス灯式のものだった。最初の電気式信号機は一九一八年のニューヨーク五番街に設置されたもので、すでに信号機の色は赤・黄・緑だったそうだ。しかし赤は信号ができる遥か昔からめでたい色であり、またそれは魔を避ける色でもある。日本でも新生児の産着が赤であったり、還暦に赤いちゃんちゃんこを着たりするのは、赤が強い魔除けの色だからだという。日本の郷土玩具にも赤いものは数多くある。疱瘡（天然痘）が流行し

❶ 宇都宮の張り子人形黄ぶな

❷ 会津張り子赤べこ

た時に釣られた黄色いフナを病人に食べさせるたところたちどころに病気が治ったという伝説に基づいて作られる、無病息災を願う宇都宮の張り子人形の黄ぶな（❶）も、顔は赤く塗られている。江戸時代には疱瘡の主な犠牲者である子供のための玩具が赤く塗られた。会津張り子の赤べこ（❷）も、達磨さんも確かに真っ赤である。川越には張り子の赤いミミズクの人形があったそうだ。第1章でみた邪視として追い払われるフクロウとは反対に、まん丸の目を見開いたミミズクは、疱瘡による高熱が引き起こす失明除けのまじないだった[2]（❸）。イタリアでは贈られた赤い下着を大晦日に身に着けると幸運を呼ぶと言われているらしい。「下着」限定となったのは、日本のバレンタインデーがチョコレートを贈る日になったのが菓子業界による仕掛けだったように、下着業界の目論見なのかもしれないが、その起源はローマ時代、紀元前三一年の正月にさかのぼり、皇帝アウグストゥスが正月を祝うために縁起の良い赤い衣服を人々に身につけさせたのが由来とされる。

ローマ時代の男性の上着トーガは身につける人の階級や職業な

❸ ミミズクを描いた疱瘡除けの浮世絵（歌川芳綱）

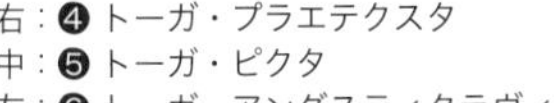

右：❹ トーガ・プラエテクスタ
中：❺ トーガ・ピクタ
左：❻ トーガ・アングスティクラヴィア

どで色が異なっていた。執政官や貴族、神官たちはトーガ・プラエテクスタというポルポラ（真紅色、緋色あるいは赤紫）色の縁取りのある白いトーガを纏った（❹）。また一五歳から一七歳の自由人（貴族）の青年や時には少女もこれを纏った。第7章で再び触れるように、自由人の少年たちはブッラというお守りを、また少女たちはルーヌラというお守りを身に付けていたが、トーガ・プラエテクスタにはそれらと同じような魔除けの力があると信じられていた[3]。

全体が濃いポルポラに染められ金糸で刺繍が施されたトーガ・ピクタは、ローマの軍団レギオンの将軍たち（司令官）によって凱旋や勝利の祝賀の際に着られ、帝政時代にはコンスル（執政官）や皇帝の衣装だった（❺）。このようにポルポラは不可侵性、神聖を表す色だった[4]。元老院議員たちは幅広のポルポラの帯状の飾り（ラクティクラヴィオ）を肩に留めて前後に垂らした。騎士（騎兵部隊）たちはロリカ（鎧）の下にアングスティクラヴィオというラクティクラヴィオより幅の狭いポルポラ色の飾りをトーガに付けた（❻）。あるいはポルポラの飾りのある膝までのトゥニカを着、ポルポラの短いマント（トラベア）を精巧な細工の施されたフィブラで留めていた。

ポルポラと呼ばれる色には「赤」から紫までを含む様々な色調が含まれている[5]。地中海世界で赤色（緋色、赤紫）の染料の材料といえば、アカネやスオウなどの安価な植物染料を除くと、ウチワサボテンに寄生するコチニール

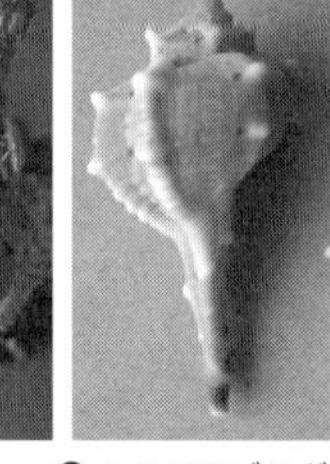
❼ シリアツブリガイ

❽ ケルメスカイガラムシ

カイガラムシが新世界から輸入されるまでは、貝紫とケルメスカイガラムシであった。貝紫はフェニキアのティルスで多く採取されたアッキガイ科のシリアツブリガイなどの巻貝のパープル腺から取られる染料で（❼）、紀元前一〇〇〇年頃からローマ帝国にも輸出されたが、その製法は伝えられなかったため、ローマ人は高額でフェニキア人から買わざるを得なかった。一方サルデーニャ島などでも多く取られたオークの樹に寄生するケルメスカイガラムシからも赤紫の染料が取れ（❽）、ローマの兵士たちの衣装の赤紫色にはこれが使われた。赤紫色を表す英語のクリムゾン（crimson）という言葉はケルメスのアラビア語 girmiz に由来する。赤紫や鮮紅色の染料が高価であったこともこの色が神聖視される所以であっただろう。古代ローマの博物学者プリニウスは「水陸両棲の生物のうちでもっとも高価なものは、貝からつくられる紅または紫の染料である」と言っている[6]（『博物誌』37・78・204：以下『博物誌』省略）。また、伝説上のローマの建国者であるロムルスがポルポラを祭礼服に用いたこと、またポルポラの縁のついたトーガやポルポラの縞を使用した最初の王は、エトルリアの征服者になったトゥルス・ホスティリウスであることなどを述べている（9・63・136）。

赤はまた竈を司る女神ウェスタの炎の色でもある。ウェスタは結婚を庇護する女神であり、ローマの花嫁は結婚式で濃いサフラン色の上着（パッラ）を纏った[7]。また頭にかぶるヴェールは家々にもウェスタの神殿にも灯されていた炎を象徴する濃い赤からサフラン色までの色調で染められており、「炎のような」を意味するフラメウムと呼ばれた[8]。

2 珊瑚

先にも書いたように今はプラスチックなどの人工素材のコルニチェッロが安く売られているが、ナポリの赤い角は材料が紅珊瑚であればなお、効果は高いそうである。

珊瑚は、ギリシャ神話のあるヴァージョンではペルセウスが切ったメドゥーサの首から流れる血が変化したものだと言われている。その場面は、たとえば古代ローマの詩人オウィディウスによる、ローマ・ギリシャ神話の登場人物が動植物や怪物・鉱物はては星座に変身するという物語集『変身譚』では、次のように描写されている。

> ペルセウスは、勝利をかちとったその手を、汲んだ水で洗った。そして、蛇髪の頭（こうべ）を固い砂地で傷つけないようにと、葉を敷いて地面を柔らかくし、海草の枝を散らしてから、そのうえにメドゥーサの首をのせた。と、髄に水を含んでまだ生き生きしていた新鮮な枝が、怪女の魔力にかかり、この首に触れたかとおもうと、固くなって、枝の部分も葉の部分も、不思議な硬直のさまを呈した。さて、この驚くべき現象について、海の妖精（ニンフ）たちが、もっと多くの枝で実験を試みた。すると、やはり同じ結果が生じる。これに大喜びした彼女たちは、その海草の種子を、いくども波にまきちらした。こうして、今もなお、珊瑚（さんご）にはこの同じ性質が残っている。大気に触れると硬直し、水の中では柔らかかった枝が、海からひきあげられると、石のように固くなるのだ。[9]
>
> （巻4・740-749）

❾ ヴァザーリ《珊瑚の発見（アンドロメダを救うペルセウス）》1570-72 年　フィレンツェ、パラッツォ・ヴェッキオ、ストゥディオーロ

⓫ 地中海のベニサンゴ

古代の人々にとって珊瑚は植物のようでもあり、また水の外では硬くなる鉱物のようでもある不思議な存在だった。先述のプリニウスも次のように珊瑚が空気に触れると固くなることを述べている。

サンゴは、形は灌木のようで、色は緑だ。その実は水中では白くて柔らかい。それを取り出すとたちまち硬く紅くなり、外観も大きさも栽培したミズキのそれに似ている。それが生きているとき、ちょっと触っただけでたちまち石化する。(10)（32・11・22）

オウィディウスは珊瑚が赤いとは言っていないが、赤くて枝分かれをする珊瑚は、いかにもメドゥーサの切られた首からほとばしり出る血を思わせる。この珊瑚の誕生の神話は、赤い珊瑚が存在しない地域では生まれなかったわけだ。マニエリスムの美術家ジョルジョ・ヴァザーリは、オウィディウスに基づいて、ペルセウスがアンドロメダを救う場面の中で、メドゥーサの切られた首から流れ出る血が赤い珊瑚に変わる様子を驚いて眺める海のニンフたちを描いている（❾）。

ここで少し珊瑚の種類について見てみよう。珊瑚と聞いて日本人の多くはオーストラリアのグレートバリアーリーフや沖縄などでも見られる、珊瑚礁を作る造礁(ぞうしょう)珊瑚を思い浮かべるのではないだろうか？　造礁珊瑚は水温が一八度から三〇度ぐらいまでの亜熱帯、熱帯の海に生息する。この種の珊瑚は光合成を行うため、光の届く浅い海にしか生息しない。一方硬い骨格を研磨して宝飾品に加工することができる宝石珊瑚と呼ばれる種には、色は白、ピンク色、薄い赤から血のような濃い赤まである。

宝石珊瑚はほとんどが二〇〇メートルぐらいから一〇〇〇メートルぐらいまでの比較的浅い深海に生息する。宝石珊瑚が採れるのは、主に地中海と日本近海、ミッドウェイ島近海などである（❿）。地中海に産する宝石珊瑚はベニサンゴ（*Corallium rubrum*）の一種類のみで（⓫）、潜水可能な浅い海底にも生息し、嵐の後には海岸に小さいものが打ち上げられることもあった。古代ローマ時代から交易品として広く輸出されていた。プリニウスは、とくにインド、またガリア人の間でも珊瑚が珍重されていると述べている（32・11・21、23）。シチリア・サルデーニャやマルセイユなどでも採られたが、中世以降珊瑚漁の中心地はナポリだったらしい。水深三〇〜二〇〇メートルで育ち、採取が容易であるため、紀元一世紀の時点でプリニウスも「今日ではその値がたいへん高く、稀少になった[11]」（32・11・24）と言うように、珊瑚の需要は常に高く、長年の乱獲により十九世紀末には枯渇が見られるようになった。ちょうどその十九世紀末頃、日本産の珊瑚の流通が始まり（日本の珊瑚のイタリアへの輸出が始まったのは一八七七年とのこと）、珊瑚漁の中心は日本近海や太平洋に移った。しかし宝石珊瑚の枯渇した地中海でも近年ではサルデーニャ島のアルゲーロなど、新たな珊瑚の繁殖地が発見されているようだ。地中海珊瑚は日本や台湾産の珊瑚に比べてはるかに小さい。色合いや

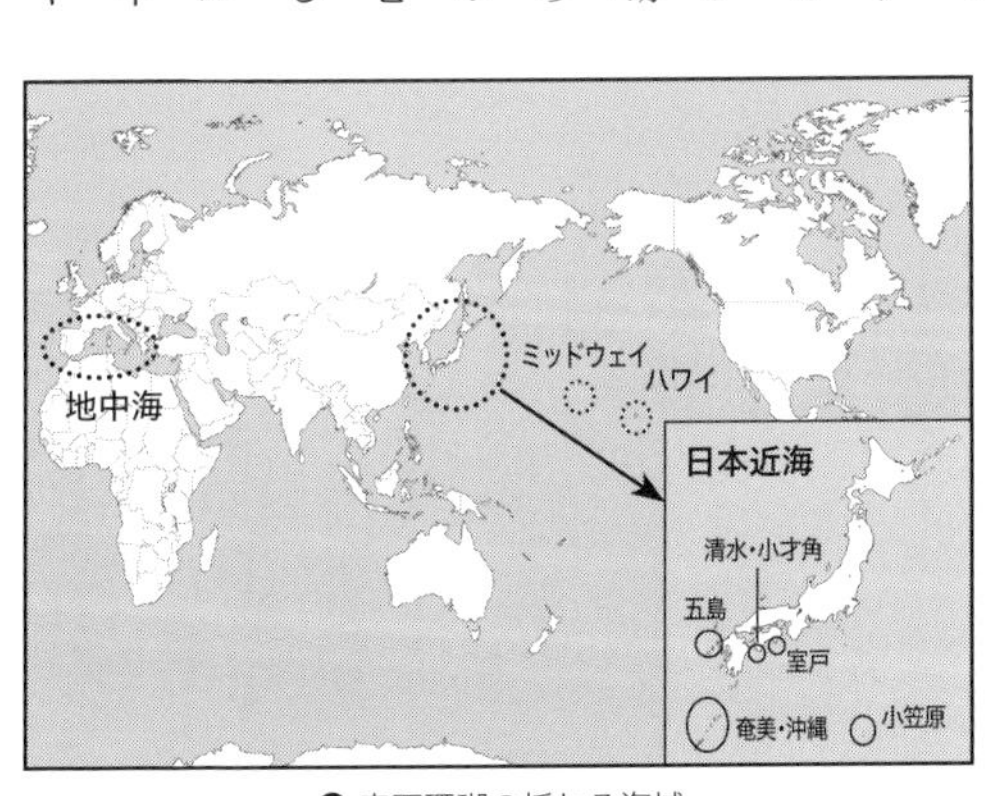

❿ 宝石珊瑚の採れる海域

形の特徴から、シチリア、リグーリア、トスカーナ、イオニア海、ティレニア海、コルシカ、フランス、アフリカ等の産地を専門家は見分けられるが、もともとサルデーニャ島で多く採取されており、宝石業界では地中海の紅珊瑚一般が「サルディーニャ」という商品名で通っているそうだ(12)。

日本の宝石珊瑚は三種類ある。アカサンゴ（*Corallus japonicus*）は小笠原列島・土佐沖・五島列島・奄美・宮古・沖縄周辺に産するが、水深一〇〇メートル以上の海に生息する(13)。最も高級だという血赤（ちあか）珊瑚は主に土佐沖で採られる（⓬）。正倉院には聖武天皇の冠につけられていたと伝わる珊瑚のビーズが残っているが、おそらく地中海の紅珊瑚とみなされる(14)（⓭）。古く外国から伝来して珍重されたものは古渡（こわたり）と呼ばれるが、正倉院のビーズの珊瑚も地中海からペルシャ、中国、日本へと渡ってきたのだろう（古渡はもとはペルシャを表す胡の字で胡渡と書かれた）。珊瑚は江戸時代中期まではオランダや中国からの輸入品として地方の大名などにも珍重されていたらしい(15)。正倉院の原木についてはいわゆる宝石珊瑚の仲間ではないそうだ(16)（⓮）。日本で最初に珊瑚が水揚げされた最も古い記録は、一八一二年のもので、室戸の漁師が偶然釣り針にかけて、それを土佐藩に献上したとある。その後もたびたび漁師たちは偶然に宝石珊瑚を引き揚げたが(17)、しかし幕府

⓬土佐沖産血赤珊瑚の原木

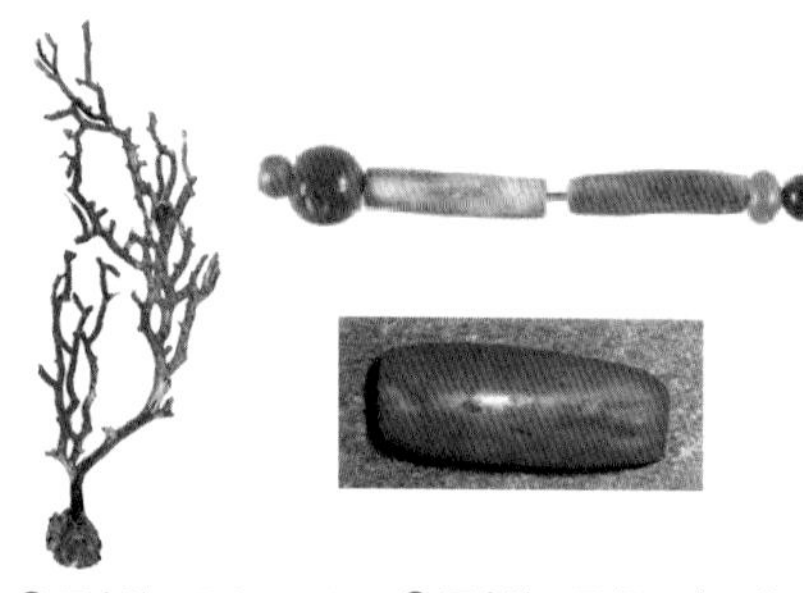
⓭ 正倉院の珊瑚のビーズ

⓮ 正倉院の珊瑚の原木

の倹約令に触れることを恐れたのか珊瑚漁は禁止された。その後明治維新で珊瑚漁は解禁となり、明治四年一八七一年になってようやく室戸での珊瑚漁が復活した。一九六五年にはミッドウェイ近海、一九六七年に南シナ海で漁場が発見された。

ところで、珊瑚は仏教では極楽浄土の荘厳を表す七宝（しちほう）の一つに数えられているが、琉球王の被る皮弁冠（ひべんかん）につけられる七種類の玉（ビーズ）も、金、銀、水晶、珊瑚、琥珀、瑪瑙（めのう）、軟玉（なんぎょく）でできている⓯。この冠は明代賜与のものを琉球で補修・加工しつつ用い、乾隆二十年（一七五五年）に本来七縫である筋を十二縫に格上げしたものだ[18]。さてこの珊瑚はどこ産なのだろうかと気になり、琉球史が専門の同僚に聞いてみると次のように教えてくれた。玉についての研究はまだないが、一七一九年の琉球王国への冊封使（さくほうし）（中国の使節団）の来訪の際の貿易品の中に珊瑚やその加工品があったという記録がある[19]。たぶん琉球王の皮弁冠の珊瑚も中国から渡ってきたものなのだろう。一方でその使節団が珊瑚採取の現場を見たという同じ年の記録がある[20]（康熙五十八年冠船日記）。この慶良間（けらま）の漁師が潜って採取していたという珊瑚の仲間は、一七二〇年に制作された『冊封琉球全図』に挿絵つきで記録されているが⓰、宝石珊瑚とは異なるもので、水深二〇メートルでも生

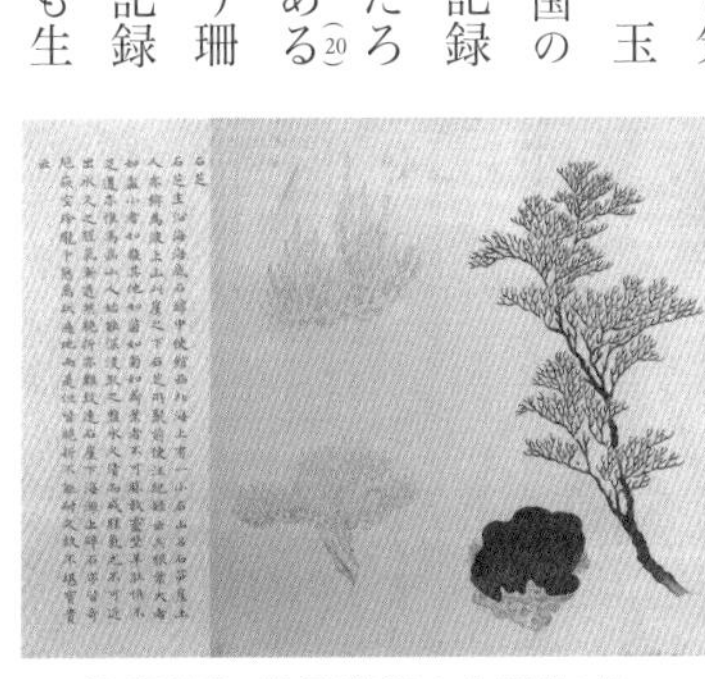

⓰ 慶良間の漁師が採取した珊瑚の仲間（『冊封琉球全図』より　1720年）

⓯ 琉球国王の玉冠（18-19世紀　那覇市歴史博物館）

息するものだ[21]。昨年知床沖で一〇〇メートルの深さに沈没した観光船の内部を捜索するために、また最近では宮古島周辺に墜落した自衛隊ヘリコプターの捜索のために、飽和潜水という深海の水圧に対応できる特別な方法で潜水士を潜らせたことでもわかるように、一〇〇メートル以上の深さのところにある宝石珊瑚を採るのは素潜りでは不可能である。珊瑚網を使わないダイバーによる採取が始まったのは一九五四年イタリアでのことだ[22]。また、沖縄では一九二四年に県から珊瑚漁を許可された一〇隻の船の登録が組織的な珊瑚漁の最初の記録だそうであるが[23]、偶然の宝石珊瑚発見の記録はないとしても、土佐で一八一二年に偶然に釣り針に珊瑚がかかったのならば、琉球でも何かの拍子に珊瑚が水揚げされることもあったのではないかと妄想が膨らむ。

さて、再びメドゥーサの神話に戻ろう。メドゥーサの首から迸った血からは、ポセイドンの子であるペガサスと巨人クリュサウロスが生まれた。同様にメドゥーサの血から生まれた珊瑚は、この怪物の強力な力を受け継ぐものとして昔から魔除けに使われた。また、珊瑚は母乳の出をよくする力もあると信じられ、思春期の少女は月経が順調であるようにと願って珊瑚の首飾りをつけたようだ。母乳は血液が変化したものであると、アリストテレスをはじめ古代の自然哲学で認識され、中世以降の医学にも影響を与えていたことも、あるいは関係しているのかもしれない[24]。日本では産後の肥立ちがよくなるというお守りだそうで、これは「珊瑚」と「産後」をかけた語呂合わせでもあるだろうが、やはり血の色である赤の与えるエネルギーに期待しているのだろう。

キリスト教では、赤い珊瑚はキリストが人類を救済するために流した血と結びつけられ、キリストの受難の象徴になった。ピエロ・デッラ・フランチェスカの《セニガッリアの聖母》でも幼児キリストは赤い珊瑚の首飾りをかけており（⑰）、《ブレラの祭壇画》でも眠っている幼児キリストの首にかけられている（⑱）。マリアの膝の上に横たわるキリストは玉座に座すマリアが形作る垂直線と交わって十字架を形成しているようにも見える。赤い珊瑚はキリストがやがて十字架上で流す血を暗示しているが、一方で、珊瑚は幼児のためのポピュラーな護符でもあった。プリニウスは「サンゴの枝を嬰児のお守りとして付けておくと守護してくれると信じられて」いる（32・11・24）と言っている[25]。さらに十五世紀頃からは、魔女が子供の血を吸うなどと信じられたために、子供を守るために母親たちは幼児に珊瑚の首飾りやブレスレットをつけたという。そうした習慣がこのようにルネサンスの絵画中で珊瑚を身につけている幼児キリストにも反映されているのだ。

《ブレラの祭壇画》は、一四七二年のヴォルテッラの攻略成功を聖母マリアに感謝するためにウルビーノの君主フェデリーコ・ダ・モンテフェルトロが描かせたと言われているが、一四七二年はフェデリーコにとっては待望の跡取りグイドバルドが生まれたばかりの時期でもあった。そのため、幼児キリストの珊瑚の首飾りは、我が子の健康と幸福を願ったものとも解釈されている。

次にマンテーニャの《勝利の聖母》を見てみよう（⑲）。この絵は《ブレラの祭壇画》と極めて似た構図で描かれている。《ブレラの祭壇画》では、実際は画面奥にあるアプシスの帆立貝型の半円天井から吊り下げられている大きなダチョウの卵が、正面から見るとちょうど聖母の頭上に来るように見えるようにぶら下がっている。《勝利の聖母》でも半円形のアプシスの天井には帆立貝があり、そ

⑰ ピエロ・デッラ・フランチェスカ《セニガッリアの聖母》1474年頃　ウルビーノ、マルケ国立美術館

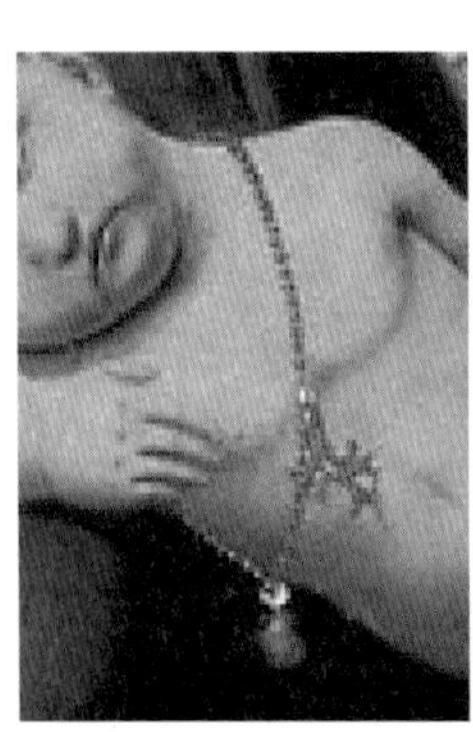

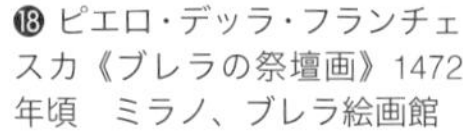

⑱ ピエロ・デッラ・フランチェスカ《ブレラの祭壇画》1472年頃　ミラノ、ブレラ絵画館

⑲ マンテーニャ《勝利の聖母》1496 年　パリ、ルーヴル美術館

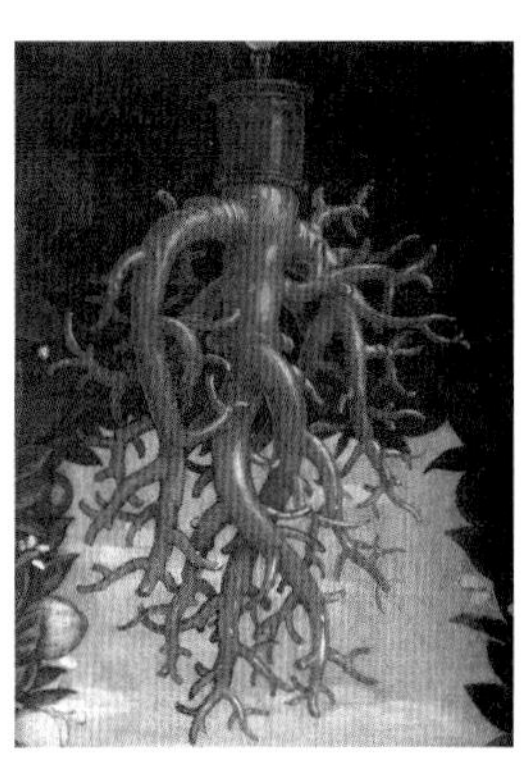

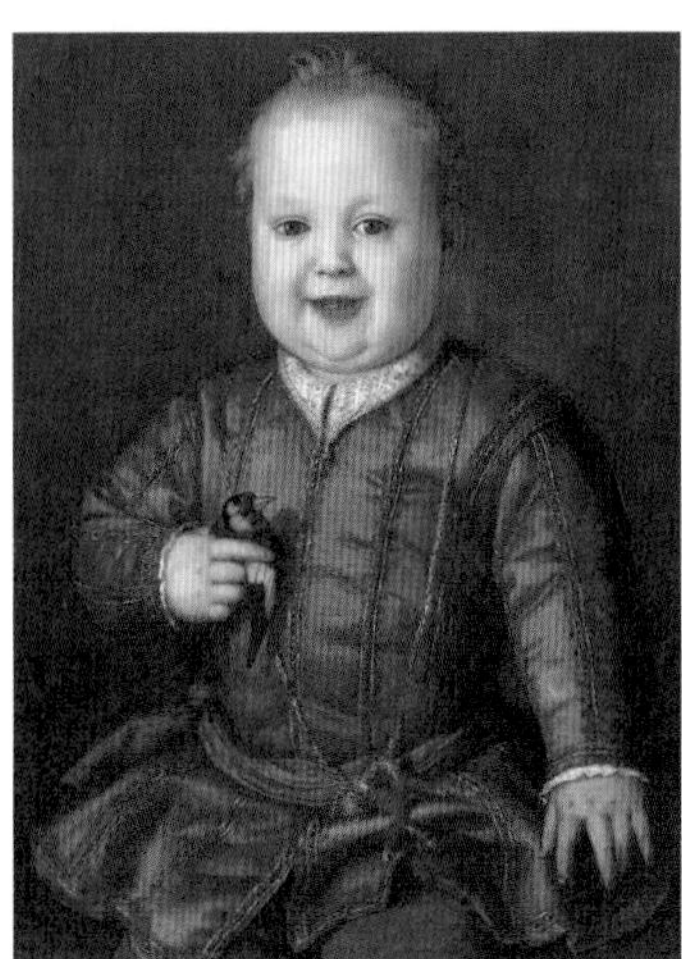

㉑ ブロンズィーノ《ジョヴァンニ・デ・メディチの肖像》1545 年　フィレンツェ、ウッフィーツィ美術館

⑳ ギルランダイオ《若い女性の像》1490 年頃　リスボン、カルースト・グルベンキアン美術館

こから見事な枝珊瑚がぶら下がり、そして真珠・珊瑚・水晶で作られた鎖が左右に張り渡されている。《勝利の聖母》という絵の題が示すように、向かって左側で跪く、甲冑を纏ったマントヴァ侯のフランチェスコ・ゴンザーガはフランスとの戦いに勝利したことを記念してこの絵を注文した。聖母は彼の頭の上に手をやって彼を保護するジェスチャーを取っている。枝珊瑚は人間の体に張り巡らされた血管のようにも内臓のようにも見えることから、生命や再生と結びつけられてきたが、この絵で逆さに吊るされた枝珊瑚はまさにキリストの体から流れ出る血を思わせる。また木のように見える枝珊瑚は「生命の木」とも重ねられた。この絵の中では幼児キリストは珊瑚を身につけていないが、天井からぶら下がる枝珊瑚がキリストの体の中を流れ、やがては磔刑の際に彼の脇腹から迸る血を暗示しているのは明らかだろう。

ローマ時代は兵士たちも護符として珊瑚を身につけていたが、ルネサンスの絵画ではキリストも含めた幼児と女性が珊瑚を身につけていることが多い。たとえば実在の女性を描いていると思われるギルランダイオの描いた若い女性の像も⑳、メディチ家の宮廷画家ブロンズィーノによるフィレンツェ公コシモ一世の次男ジョヴァンニ・デ・メディチの肖像にも首からぶら下げた赤い珊瑚が見てとれる㉑。このまるまるとした赤ちゃんは、その栄養状態のよさからも家庭の裕福さが窺い知れるが、財力のある家庭の成員や赤ん坊は、後に続く各章でも見ていくように、珊瑚に限らず様々な護符を身に纏った姿で描かれている。

小さな角の形をしたコルニチェッロは珊瑚の力と角の力を合わせ持つことで、さらに強力な護符になったと言える。ところで、日本では珊瑚は少し前までは、どことなく年配の女性が持つもの、あるいは男性のネクタイピンに使われるといったイメージがあり、若い女性のアクセサリーとしてはあまり定着していなかったように思う。通訳としてアテンドしたカメオ職人さんを訪ねてナポリ近郊トッレ・デル・グレーコの大きなカメオ工房に、母と叔母を連れて行ったことがある。そこで珊瑚の加工についての説明もあったに違いないが、その時まだ若かった私はよほど興味がなかったのであろう、珊瑚の記憶がまったくないのである。一方イタリアでは、宝飾品が代々受け継がれるために、世代を超えて使えるスタイルのものが多いのかもしれない。少なくとも十九世紀末から二十世紀初頭のサルデーニャに生きたお針子の生涯を描いたある小説では、まだ結婚前の主人公が祖母の遺品の珊瑚の耳飾りを、特別な時のおしゃれとして身につけるというくだりがある。(26) 結婚三十五周年の記念が珊瑚婚式と呼ばれるのは海の中でゆっくりと時間をかけて成長する珊瑚が、長い時間をかけて育まれた夫婦の絆を象徴しているからだ。日本ではそれがたまたま語呂合わせになっている。(27)

❸ 唐辛子

さて、また赤い角コルニチェッロに戻るが、これが何かに似ていると思われた方がいらっしゃると思う。そう、唐辛子だ。アリオ・オリオ・ペペロンチーノなどがよく知られていて、いまやイタリア料理に欠かせない唐辛子は、中南米が原産である。コロンブスが一四九四年に最初に持ち帰ったものだ。自身もまたカリブ海のエスパニョーラ島に滞在し、のちにスペインによる先住民支配を批判し続けたドミニコ会士バルトロメ・デ・ラス・カサスの一五五二年の記録では、唐辛子はスペイン中に普及していたことがわかり、植物学者マッテオーリによる一五六八年の記録によってイタリアにも唐辛子が到達していたことがわかるという[28]。

これが東洋に持ち込まれたのはポルトガル人宣教師たちを通してであったそうである。日本本土では唐辛子が「南蛮」と呼ばれているところもあり、南蛮文化由来であることがうかがえる。また唐辛子という名前は、中国から渡ってきたと考えられたことも示している。沖縄では泡盛に浸けた唐辛子はコーレーグスすなわち高麗の薬（あるいは高麗の草）と呼ばれているように、高麗経由と見なされているが（㉒）、その韓国では、唐辛子は逆に日本から渡ってきたとも言われているそうだ。

イタリア中部アブルッツォ州出身のある作家によると、農家の人々は自分の家の扉の後ろに唐辛子を編み込んだものをぶらさげて魔除けにしていた。南イタリアの料理ではニンニクや唐辛子、トマトはスタンダードなのだが、それらを首飾りのようにぶら下げて乾燥させている光景をよく見かける（㉓）。とくにカラブリ

㉒ コーレーグス

㉓ 南イタリアの店先にぶらさがる唐辛子

アなどでは唐辛子入りソーセージなど、唐辛子料理が非常にポピュラーだ。唐辛子をたっぷり入れた腸詰で、オリーブオイルを混ぜてパンなどに塗るペーストとしても食されるンドゥイヤというものも最近は日本にも輸入されており、ご存知の方もおられるかもしれない。カラブリア州のある町では、毎年唐辛子祭りが行われるそうで、屋台には唐辛子が編み合わされた綱がぶら下がる(㉔)。今でこそ唐辛子料理を自己のアイデンティティーとして誇るカラブリアだが、十九世紀までは唐辛子は主に南イタリアの農民たちの日常の食事の味付けに使われる「貧者のスパイス」だったということだ[29]。

　何年前だったか、神戸の南京町で小さなガラス製の唐辛子が一杯ついている房を見た。中国文化の専門家の友人に「何かのお守りなのかしら」と聞いたのだが、「何だろう？　知らないなあ。」という答えだったので、当時はおそらくそれほどポピュラーではなかったのだろう。ところが今その同じ人に聞くと、最近は中国でもトウガラシのお守りがどこでも売られているということだ。

　もしかすると中国でもポピュラーになったガラスの唐辛子が束

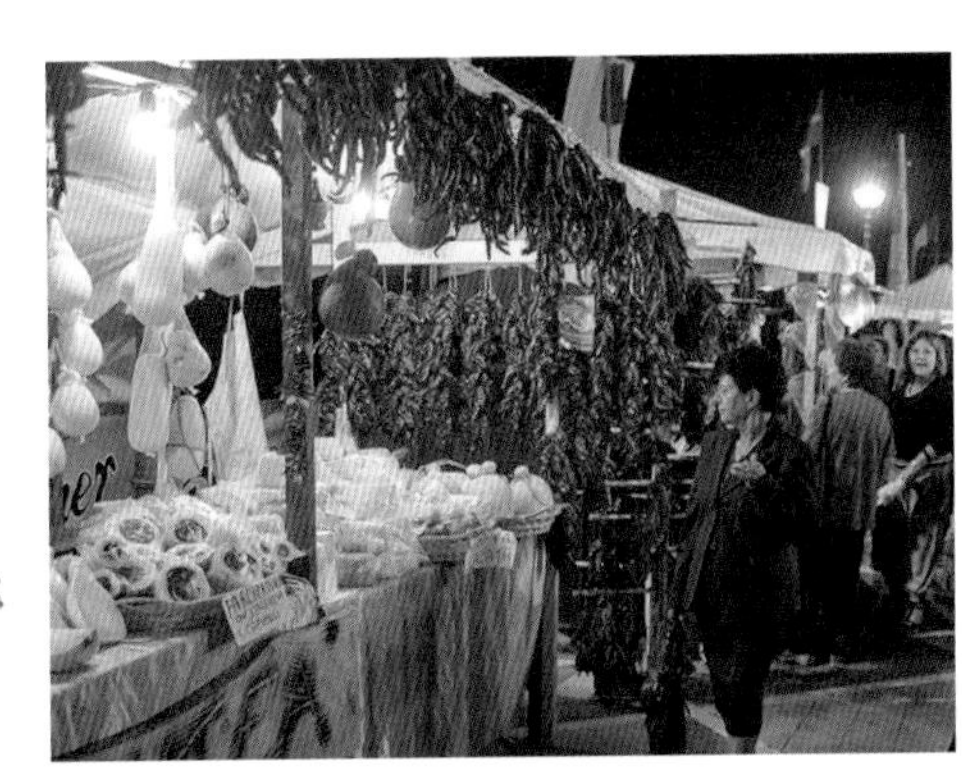

㉔ カラブリアの唐辛子祭り

㉕ 韓国土産のガラス製唐辛子ストラップ

になった魔除けは、韓国から入ったものかもしれない。唐辛子の束のキーホルダーやストラップは韓国土産の定番のひとつだそうで㉕、お土産としてもらったり、買って帰ったりした方もいらっしゃるかもしれない。韓国に唐辛子がいつ入ってきたのかは諸説あるようだが、文禄・慶長の役（一五九二〜九八）のときに日本から伝来したという説が一般的で、香辛料として使われ始めたのは十八世紀後半からであるという[30]。

韓国人の同僚によると、今ではその風習を守る人は少なくなったものの、韓国では昔から男の子が生まれると唐辛子と炭、松葉などを編み込んだ縄を家に二十一日間かける習慣があり、それがかかっている間は外部の人は出入りできないそうだ（62頁㉖）。これは禁縄（クムチュル）と呼ばれ、誕生した子供の性別を知らせると共に、新生児を不浄や悪鬼から守るという一種の魔除けの意味がある。実際には、外部の人間の出入りを遮断することによって免疫力の弱い新生児を外から持ち込まれる菌やウィルスへの感染から守る効果があったそうだ。第1章で角の形が男性器を思わせることに触れたが、赤い角に似ている唐辛子も、その形状から男性性器の象徴である。だから韓国で生まれたのが女児の場合には唐辛子は禁縄にはつけられない。たとえば柘榴などがそうであるように、種の多い果実は一般的に子孫繁栄の象徴だが、男性器を意味する唐辛子の場合は、豊富な跡継ぎの種を有するという儒教文化の男子選好思想や男根崇拝にもつながっている[31]。生まれた子供が男の子であったときは「コチュ（唐辛子）だよコチュ」と言って大いに祝うという。後の7章でも触れるように、生殖の力、豊穣を象徴するものには、魔除けの効力も期待されるのだ。ちなみに炭も、多くの文化で浄化や魔除けの力を持つとされる。

またイタリアで大晦日に赤い下着を贈るように、韓国では初月給で、親に赤い下着をプレゼントすることになっているそうだ。赤はここでもやはり災いを退ける色であり、かつては位の高い人にしか許されなかった富貴をもたらすめでたい色と信じられているのである。

日本の魔除けについての本でも長野県で唐辛子を魔除けに使っている例があった。[32] その赤い色だけではなく、辛さもまた邪悪なものを払ってくれると考えられたためだろう。また、おそらく唐辛子自体に備わっている強い薬効が魔除けの力と結びつけられたはずだ。アステカ、インカ、マヤ文明でもよく知られていた赤唐辛子の効果は（それを生み出す化合物がカプサイシンと呼ばれるようになったのは十九世紀であるが）、西洋でも、西洋を通して唐辛子がもたらされた東洋でも、大いに賞賛された。そしてすでに十七世紀には唐辛子が特に好まれて使われていることが来訪者によって記録されているカラブリアでは、とりわけ肉を保存するために唐辛子の抗菌作用が重宝されたと言われる。[33] 沖縄に住み始めてまもない頃、植物につくアブラムシを退治するのには、コーレーグスを薄めてスプレーで吹きかけるのが効果的と教わったのを思い出した。薬草の効能とまじないについては第4章で改めて触れたい。

㉖ 禁縄（クムチュル）

カラブリアの唐辛子祭り

第3章

石の力

石の力

❶ 鉱物誌の伝統

日本でパワーストーンやクリスタルパワーが流行し始め、それぞれの宝石や貴石固有の力についての関心が高まったのはバブル経済期の一九八〇年代末頃だったらしいが、西洋では石には魔術的な力が宿っていると古来より信じられ、石の薬学的・医学的な効能も含めた性質についての様々な著作が編まれてきた。まずは、ごく簡単に西洋において編まれた鉱物誌あるいは鉱物薬剤書の歴史をたどろう[1]。

一世紀のプリニウスは彼の三七巻にわたる百科全書的著作『博物誌 *Naturalis historia*』の三二巻から三七巻までを鉱物にあて、最後の三七巻を宝石の効能について縷々述べることで締めくくっている。プリニウス自身は魔術を強く批判しているのだが、宝石についての記述の中には当時広く知られていた石にまつわる迷信も多く含まれている。三世紀のローマの著述家ソリヌスが著した『珍奇集成 *Collectanea rerum memorabilium*』は多くをプリニウスや他の著述家に負っているが、地域別に珍しい動植物や鉱物などを紹介しており、中世に古代ローマ時代の著述を伝える重要な源泉となった。

二〜四世紀にかけては、国際性豊かなアレクサンドリア文学の影響を受けた『リティカ（石について）』やヘルメス・トリスメギストスが書いたとされる『シラニデス』など、宝石の力についてより詳細に叙述する作品が生まれた。『リティカ』は、古代ギリシャ神話に題材を取った石の物語を七四四行の詩の形で表している。石には毒を退ける力が宿るものが多いとされるが、とくにこの著作には蛇の毒に効くものが多く登場する。この本はいつからか『オルフェウスのリティカ』とよばれるようになった。プリニウスはオルフェウスは鳥以外の動物による占いの発明者であると述べ（7・56・203）、さらにオルフェウスはトラキアと近隣に最初に魔法をもたらしたが、それは医学を通してであったとしている（30・2・7-8）。魔術に結びつけられていたオルフェウスは、蛇にかかとを咬まれて死んでしまった妻エウリュディケを追って冥府（ハデス）へと下った物語でも知られている。『リティカ』がオルフェウスに帰されるようになった理由はそんなところにもあるかもしれない。

やはり二世紀頃のアレクサンドリアで編まれたと言われる『フィシオログス』と呼ばれる著作は、動物の寓意をキリスト教的に解釈したものであるが、ここにも少しだけ、火打石、磁石、ダイアモンドや瑪瑙と真珠、インド石などの鉱物、宝石が扱われている。アレクサンドリア文学の影響は小アジアにも及び、七〜九世紀にはアラビア語やシリア語でも、宝石にまつわる本が書かれた。

プリニウスやソリヌスの古代の伝統は、七世紀のセビーリャのイシドールスの『語源』へ、そして九世紀のラバヌス・マウルスの百科事典『物事の性質について』（別名『宇宙について』）へと流れ込み、キリスト教世界にも浸透した。その代表的なものが十一世紀にフランスのレンヌの司教になったマルボドゥスが詩の形式で書いた『石の本 *Liber de lapidibus*』である。六〇の石についてのこの詩をマルボドゥスは公にしようとは思っていなかったが、医薬書として広く読まれるようになり、十二世紀にはフランス語で書かれた『宝石誌 *Lapidario*』として知られ、のちのアルベルトゥス・マグヌス（一一九三〜一二八〇）やドイツの医者・鉱山学者ゲオルギオス・アグリコラ（一四九四〜一五五五）にも影響を与えたという(2)。マルボドゥスは「植物に与えられた力は大きいが、宝石に与えられた力は何にも増して大きい」（序文）と言っている[3]。

マルボドゥスはヨハネの黙示録に記述のある新しいエルサレムの十二の門を飾る十二の宝石について（「黙示録」21・19－20）の小品も著しているが、すでに四〇〇年頃のキプロス、コンスタンティアの司教聖エピファニウスが、高位聖職者が身につける十二の宝石について書き著し、ユダヤ教から引き継がれたキリスト教世界における宝石の象徴を解説している。これはもともとはユダヤ教の大祭司の裁きの胸当てと呼ばれるものにつけられる、イスラエルの十二の部族を表している宝石で、「出エジプト記」（25・7、28・15－21、39・8－13）に詳細に記述されている（❶）。

ビンゲンの尼僧院の院長であったヒルデガルト（一〇九八～一一七九）も植物や鉱物の薬効について著している。キリスト教世界の石についての著作は、薬剤書としての機能ももちろんあったが、すべて神の創造の妙による自然の中に隠された驚異的な力を讃えることを第一義としていると言える。

十三世紀のいわゆる中世の百科全書の時代には、トマス・ド・カンタンプレ（一二〇一～七〇）やバルトロメウス・アングリクス（一二〇三以前～七二）、アルベルトゥス・マグヌスなどが百科全書的著作の中で宝石について書いている（❷）。なかでもドミニコ会の修道士でありスコラ哲学を代表するアルベルトゥス・マグヌスは、アリストテレスの科学的・実証主義的な思想をキリスト教に導入した博学ぶりで知られる。一方で『大アルベルトゥスの秘宝』と俗に呼ばれる魔術書の作者であるとも信

❶ ユダヤ教の大祭司の胸当て

じられた。彼自身も実際に『鉱物誌 *De mineralibus*』を著して石の力について述べているが、彼の死後に他の著者によって書かれた錬金術的な著作が、アルベルトゥスの権威を借用するために彼の名を冠するようになったのだろうと言われている。

ルネサンス期にはパドヴァ大学で医学の学位を取得し、ペーザロのスフォルツァ家に医師、天文学者として仕えたカミッルス・レオナルドゥス（一四五〇頃〜一五三二）が一五〇二年にヴェネツィアで『石の鑑 *Speculum lapidum*』を著した（❸）。二八〇以上の鉱物を網羅するこの著作は、アリストテレス、プリニウス、イシドールス、マルボドゥス、アレクサンドリアのディオニシウス、アルベルトゥス・マグヌスなどの先人からの知識を受け継いだものではあるが、彫刻を施されたりカメオなどに加工されたりした貴石や宝石の性質や効能について述べていること、また特に石と黄道十二宮との照応について述べているのが特徴である。ヴェネツィアの人文主義者ルドドヴィーコ・ドルチェは一五六五年にこのレオナルドゥスのラテン語の本をイタリア語に翻訳し、自身の作としてヴェネツィアで出版したと言われている。(4)

❷ 宝石について講じる修道士（バルトロメウス・アングリクス『事物の性質について』14世紀末頃の写本挿絵　イエナ、チューリンゲン州立大学図書館）

CAMILLI LEONARDI
SPECULUM LAPIDUM,
ET
D. PETRI ARLENSIS
DE SCUDALUPIS,
PRESBYTERI HIEROSOLYMITANI,
SYMPATHIA
SEPTEM METALLORUM
AC SEPTEM SELECTORUM LAPIDUM
AD PLANETAS.
ACCEDIT
MAGIA ASTROLOGICA
PETRI CONSTANTII ALBINII
VILLANOVENSIS.

❸ カミッルス・レオナルドゥス『石の鑑』1717年版扉

フィレンツェのパラッツォ・ヴェッキオの中にあるメディチ家のフランチェスコ一世の書斎ストゥディオーロの壁にはオウィディウスの『変身譚』から取られた珊瑚の誕生の場面が描かれていることには第2章で触れたが（第2章❾）、四大や錬金術の主題、神話などに混じって、他にも真珠採りの場面、金の鉱脈、ダイアモンドの鉱脈、火薬の発明などの場面が描かれており（❹）、当時のエリート層の鉱物や宝石へのなみなみならぬ関心が窺える。

さて、再び珊瑚の登場である。珊瑚は実際は鉱物ではなく、言うなれば動物の骨ということになるのだが、水晶や他の宝石などと同様に鉱物誌や石の本の中に入れられているのだ。

珊瑚は不吉なものから身を守り、とくに妊婦や幼児を守るとされていることはすでに述べたが、海から採られるものだからだろうか、航海のお守りになるとも言われる。珊瑚の力については、第2章でも紹介したように、プリニウスは「サンゴの枝を嬰児のお守りとして付けておくと守護してくれると信じられている」と言ったのちに、珊瑚を焼いて粉にしたものの薬効について、水に入れて飲むと腹痛、膀胱疾患や結石に効果があり、水やぶどう酒に入れて飲むと催眠剤になると述べている。また

❹ ヤコポ・ズッキ？《金の鉱脈》1570年
パラッツォ・ヴェッキオ、ストゥディオーロ

珊瑚の灰は収斂性や冷却性があって腫瘍の傷痕を滑らかにするため、吐血にたいする治療剤であり、目に塗る軟膏の材料でもあると言っている（32・11・21−24）。

『リティカ』の中では、珊瑚のために費やされた詩行は非常に多い（516−609）。そこでは珊瑚には雷や台風や嵐や雹を避ける力があり、毛虫や青虫、イナゴやネズミの大群も追い払うとある。さらにぶどう酒に混ぜて飲むとコブラの毒も消すという[5]。

そしてマルボドゥスは、身につけると健康によいことや、「葡萄畑やオリーブの木の間に撒かれたりあるいは農夫の手で畑に種といっしょに撒かれると、穀物の茎に有害な雹を防ぎ、溢れるほど豊かに収穫が増える」ことに加えて「悪魔の亡霊やテッサリアの怪物（ケンタウロスのことだろうか？）を撃退する」とまで書いている[6]。

珊瑚を砕いて畑にまくと農作物が豊作になるということには、確かに根拠があろう。珊瑚の成分、炭酸カルシウムは作物の生育に欠かせない栄養分であり、また酸性に傾きがちな土壌のphを適正に保つのに役立つ[7]。嵐や雷や雹から守ると信じられたというのも、結果として豊作であったことが、嵐や雹から農作物が守られたからだと思われたのかもしれない。

畑に撒く珊瑚は赤い宝石珊瑚ではなかっただろうが、赤という色が珊瑚の厄除けの力と結びついていたことは、第2章でも述べた。鉱物はその色の象徴的意味が、治療に用いる際の大きな要素であった。赤い宝石、赤みがかかった宝石は、出血を止め、炎症性の病気を直す特効薬と考えられた。また怒りを沈め、争いを避けることができると考えられた。黄色は、胆汁の色であることから、胆汁障害、黄疸、肝臓の病気の治療に使われた。青は何といっても蒼穹の色であり、それが神聖さに結びついた。聖母マリアの青いマントも同じ象徴体系に属する。光と知恵を象徴し、また純潔の象徴ともなった。アルベルトゥス・マグヌスは『鉱物書』で、ラピス・ラズリを服用すると「憂鬱症や四日熱や、黒胆汁の蒸気によってひきおこされる失神に対して非常に確実な効き目がある」（II・ii・20）と言っている。(8) ローマ人にとっては、青は蛮人であるゲルマン民族の目の色であり、また彼らの体を覆う藍色の刺青の色でもあるため、あまり好ましい色ではなかったようだ。(9) それでも青い宝石の輝きは別だったのかもしれない。青い目を邪眼除けの魔除けとする習慣については、第5章で触れる。

護符として利用された石の中には文字や何らかの形象が刻まれたものや、動物などの姿に彫刻されたものなどが多くあった。次にそのうちのカメオについて少しみてみよう。

2 カメオ

カメオといえば、ローマ時代の皇帝たちが自身の横顔を彫らせ

❺《フランスの大カメオ》1世紀　パリ国立図書館メダル室

❻《ゲンマ・アウグステア》前1世紀　ウィーン美術史美術館

たものや、最大のものでは高さ三一センチ、幅二六・五センチにもなるサードニクスに彫られた《フランスの大カメオ》（一世紀、パリ国立図書館メダル室）（❺）やウィーン美術史美術館蔵のアウグストゥスのカメオ《ゲンマ・アウグステア》（❻）のように皇帝の偉業を讃える場面が描かれたものが思い出される。こうしたカメオは紀元前五世紀頃からあり、当時は小さいものは指輪につけた印章（シグネット）などとして使われたようだ。カメオという名は、イギリスのエジプト学者ワリス・バッジ卿（一八五七〜一九三四）が、まじないの言葉の書かれた魔法陣を意味するカバラ学の用語であるKame'oという言葉を使ったことに由来するという説がある。一方で、語源はアラビア語で、花の蕾を意味するgama'ilで、それがフランス語のcamaïeuという言葉を経てイタリア語のcammeoや英語のcameoになったという説もある。[10]

[ストーンカメオとシェルカメオ]

さて、前章でも触れたが、現在宝石珊瑚の加工の地中海における中心地はトッレ・デル・グレーコというナポリ近郊の町である（❼）。先にも言及したように、私は大学院生時代イタリア語通訳のアルバイトをよくやっていた。ちょうどバブルの時代というのもあって、イタリア商品のプロモートのための見本市に多くのイタリア人の商

❼ 19世紀末のトッレ・デル・グレーコ

人や職人が来日していた。その中でカメオを彫る職人さんの通訳・アテンドをする機会が少なからずあったが、皆決まってこのナポリ近郊のトッレ・デル・グレーコから来ていたので、カメオ作りの中心地というのは知っていたのだが、実はこの町ではもともとは一四〇〇年頃からサルデーニャ沖などでの珊瑚漁が盛んであった。イタリア半島の統治者の中でも特にアラゴン家はその統治時代(一四四二〜九〇)に珊瑚業を奨励した。十五世紀頃にシチリアから珊瑚の加工職人がナポリ近郊のヴェスヴィオ山麓の地域に移住してきた。(11) シチリアのトラパニは十六世紀の珊瑚の彫刻において最高峰であったが、やがてジェノヴァが肩を並べるようになり、ナポリやヴェネツィア、パリ、ニュールンベルクが名をなすようになった。(12) しかしナポリやその近郊を含む南イタリアは長くスペインやフランスの支配下にあり、珊瑚漁も珊瑚加工についてもなかなか漁民には独占権が与えられなかった。

一八〇五年にやっとトッレ・デル・グレーコに加工工場を開く許可が下り、初めて公認で加工を手がけるようになった。ポール・バルトレミー・マルタンというマルセイユ人が建てたこの工場がのちのトッレ・デル・グレーコの珊瑚業発展の礎となったのだが、それ以前の一七八三年にブルボン王カルロ七世によってナポリに創設された「貴石工芸所」が貴石の彫刻術の伝統を復活させていた。(13) ナポリ王妃となったナポレオンの妹カロリーヌ・ボナパルトが珊瑚を愛したため、トッレ・デル・グレーコの工場の存続は更新され、ついには一八七八年に珊瑚加工の専門学校が建てられた。この学校は、一六一三年のヴェスヴィオ山の噴火によって破壊され十七世紀後半に再建されたカルミネ教会付属の修道院の建物の中に作られ、現在は珊瑚とカメオ美術館も併設されている。(14) 今では国立の美術学校となり、そこで技術が継承され、珊瑚、カメオの他、真珠母の加工で有名だ。

ところで、今トッレ・デル・グレーコで加工されているカメオは貝を使ったいわゆるシェル・カメオで、「カメオ」といえば読者の皆さんの多くはこちらを思い浮かべるのではないだろうか。しかし古代ギリシャやローマのカメオは縞瑪瑙（オニキス）のように異なる色の層を形成する石を使っていた。また色の異なるガラスで層を作ったグラス・カメオもあった。紀元三〇〇年を過ぎるとストーン・カメオの製造は減少はしたものの、中世の間も細々と続けられた。そしてルネサンス時代に古代の再生とともにカメオの製造が復活した。君主たちは競って古代のカメオを蒐集し、新たに作らせた宝飾品とともに自分たちの宝石コレクションに加えている。そのカメオもまた石のカメオだった（❽）。ルネサンス期にはローマやフィレンツェでも盛んに作られたこの石のカメオの伝統は、現在ではドイツのイーダー・オーバーシュタインというフランクフルトから南西に一三〇キロのところにある町に移っている。ここでは十五世紀半ばに瑪瑙（アゲート）やジャスパー、水晶の鉱山が発見されたことで瑪瑙などの研磨加工技術が発達した。瑪瑙の発掘自体は一八七〇年に禁止されたが、地元の宝石職人たちがブラジルからシトリンやアメシスト、トルマリン、トパーズなどを輸入することで、世界中から宝石の原石が集まる場所であり続けた。瑪瑙を使ったカメオ制作に力を入れたのは十九世紀頃からだという。カメオや宝石への彫刻（glittica）の技術は十七世紀までローマ、フィレンツェが中心であったが、十八世紀末から十九世紀初頭にかけてパリでもこの技術が発展した。十八、十九世紀にはナポレオンに牽引された新古典主義の影響でカメオが再び流行したからだ。

さて、カメオにいつから貝を使うようになったかというと、どうも新大陸発見後らしい[15]。新大陸との通商の際に空っぽになった船にバラストとして載せて帰ってきたカリブ海の巻貝の貝殻がちょうど紅縞瑪瑙（サードニクス）のように層を形成していた。それを熟練のカメオ彫り師たちが利用しようということになったらしい。スペインの副王のもとにあったナポリはこうした新世界との通商の中心となる港でもあった。貝はカリブ海から、そしてマダガスカルやモザンビークから運ばれてきたという[16]。それがトウカムリ科のマンボウガイ（万宝貝）である（❾）。この貝は熱帯インド洋や西大西洋に生息し、稀に沖縄でも採集されるそうだ。新大陸への進出や東洋やアフリカとの交易によって地中海には存在しない貝と出合ったことが、カメオの材料の転換にも関係しているのだ。

昔知り合ったトッレ・デル・グレーコのカメオ職人ヴィンチェンツォは、この貝は日本近海でも採れるんだと教えてくれたが、当時の私は「へえ、そうなの」と実に凡庸な反応をしただけだった。沖縄に住むようになって年を重ねた今、カメオを作る貝や珊瑚で日本や沖縄がイタリアと繋がっていることを考えると、より一層

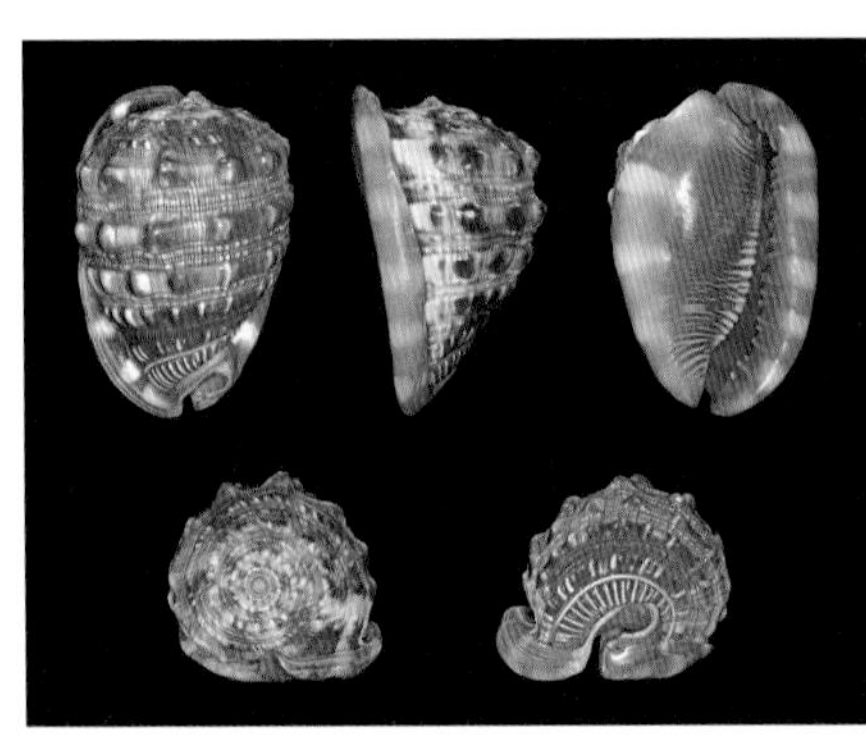

❾ マンボウガイ（*Cypraecassis rufa*）

❽オニキスのカメオ（アンドロメダとペルセウス　16世紀後半　ミラノ製　ロンドン、ヴィクトリア&アルバート美術館）

感慨深い。第1章の唐辛子のところでも見たが、現在のわれわれの生活の中で当たり前のように使われているものが、実はアメリカ大陸産であるということは珍しくない。今やグローバル化してしまった私たちの食卓だが、トマトがない時はイタリア人は何を食べていたのだろう、ジャガイモがないときはドイツ人は何を食べていたのだろうと、誰しもが一度は考えるだろう。イーダー・オーバーシュタインの人々が宝石そのものの供給をブラジルからの輸入に頼るようになったように、アメリカ大陸との出合いが石や貝をヨーロッパにもたらしてくれたことが、カメオの伝統の存続にもかかわっていたのだ。

大型の貝全体を使ったランプシェードのような作品になると、複雑な神話的場面を描くことができ古代の面影を残しているかもしれないが（⑩）、美しい女性の横顔などが一般的な今の私たちに馴染みのあるアクセサリーのカメオには、神話的なモティーフは使われず、魔除けの役割もなくなっているようだ（⑪）。しかし、メドゥーサの頭部はいまだに赤い珊瑚でもカメオでもよく使われるモティーフであり続けている（⑫）。

⑩ 貝カメオのランプシェード

⑪ 19世紀のシェルカメオ（フランス製）

⑫ 珊瑚製メドゥーサ（ベネデット・ピストゥルッチ作　1840-50年　ニューヨーク、メトロポリタン美術館）

石に宿る力ゆえに人々はそれを身につけた。もちろん、石は加工を施して美しい宝飾品にしつらえられることで、身を飾るという二重の役割を果たした。ルネサンスの肖像画に描かれているのはおしなべて裕福な人々だと言えようが、彼らは男女ともに数多くの宝石を身につけている。高位聖職者の指にも大ぶりの宝石のついた指輪が嵌まっている。

［ルネサンスのカメオ］

ラッファエッロ作のアーニョロとマッダレーナのドーニ夫妻の一対の肖像を見てみよう（⓭）。一五〇四年に結婚した二人を記念して描かれ、おそらく一年後に完成した彼らの寝室を飾ったという。この肖像画の中の二人は、多くの宝石を身につけている。アーニョロ・ドーニは有能で裕福な布の商人であったが、ミケランジェロなどの芸術家のパトロンでもあり、アンティークの芸術品や宝石のコレクターでもあったと言われている。その妻マッダレーナが首から下げている、とりわけ目を引く大きなペンダントにはルビー、エメラルド、そしてアメシストの三つの宝石が嵌め込まれている（⓮）。金の台座のアメシストが嵌め込まれた部分は、伝説によれば処女によってのみ捕獲が可能だというユニコーンを象っており、これが貞節のシンボルであることがわかる。それは新妻に求められる貞節さである。ルビーについては、たとえば、アルベルトゥス・マグヌスが書いた『鉱物誌』のルビーを含むカンブンクルス（紅玉）の項に「これが他の石に対して占める地位は、黄金が他の金属に対してもつ地位のごとくである……これは他のどんな石よりもより多くの力（ウィルトゥス）を持つといわれている。しかし、このその特殊な効力というのは、空気とか蒸発物の中の毒を除去することである」[17]（II・ii・3）とある。

エメラルドについては「この石は富を増大させ、裁判の際には説得力のある言葉を思いつかせてくれる……また、首に下げていると準三日熱や癲癇（てんかん）を治す。そしてまた、弱い視力を強くしたり、目を保護したりすることが、実際に確かめられている」、さらには「この石は携える人を貞節にさせるということがありうるだろう」（II・ii・17）と述べられている。[18] アメシストは赤ワインを連想させる色から、アルコールによる酔いを防ぐものと古来より考えられていたが、アルベルトゥスは加えて「夜もしっかり目をさまして邪悪な妄想を撃退し、知るべき事柄は明確に理解させてくれる[19]」（II・ii・1）と説いている。ペンダントの最下部に下がるバロック真珠はその大きさから、いかに高価なのかが一目でわかるが、これはマッダレーナの新妻であるというステータスに関係しているかもしれない。貝と水、月の連想から貝そのものが女性の生殖力のシンボルであり、ギリシャでは、真珠は結婚と愛の象徴であった。真珠について多くの頁を割いているプリニウスは、もっぱら真珠がどのようにして生まれるのか、そしてその採取方法、真珠の種類と価値について述べ、それが奢侈（しゃし）の代表的なものであると真珠にまつわる歴史的な贅に関するエピソードを述べているだけで、その効能には触れていない。しかし真珠貝は「空からの露によって孕む[20]」（9・54・107）という説明は、女性の懐胎を暗示する。中世にはマルボドゥスがプリニウスに倣って、真珠の「貝は一定の時期に空に向かって口を開け、開いた貝は天の露を集めると言われている。その露から白く輝く小さい核が産まれる」と書いている。[21] キリスト教ではこうして、天の神によって懐胎する真珠貝が聖母マリアに、そして真珠はキリストにもなぞらえられた。『フィシオログス』では真珠は次のように説明される。

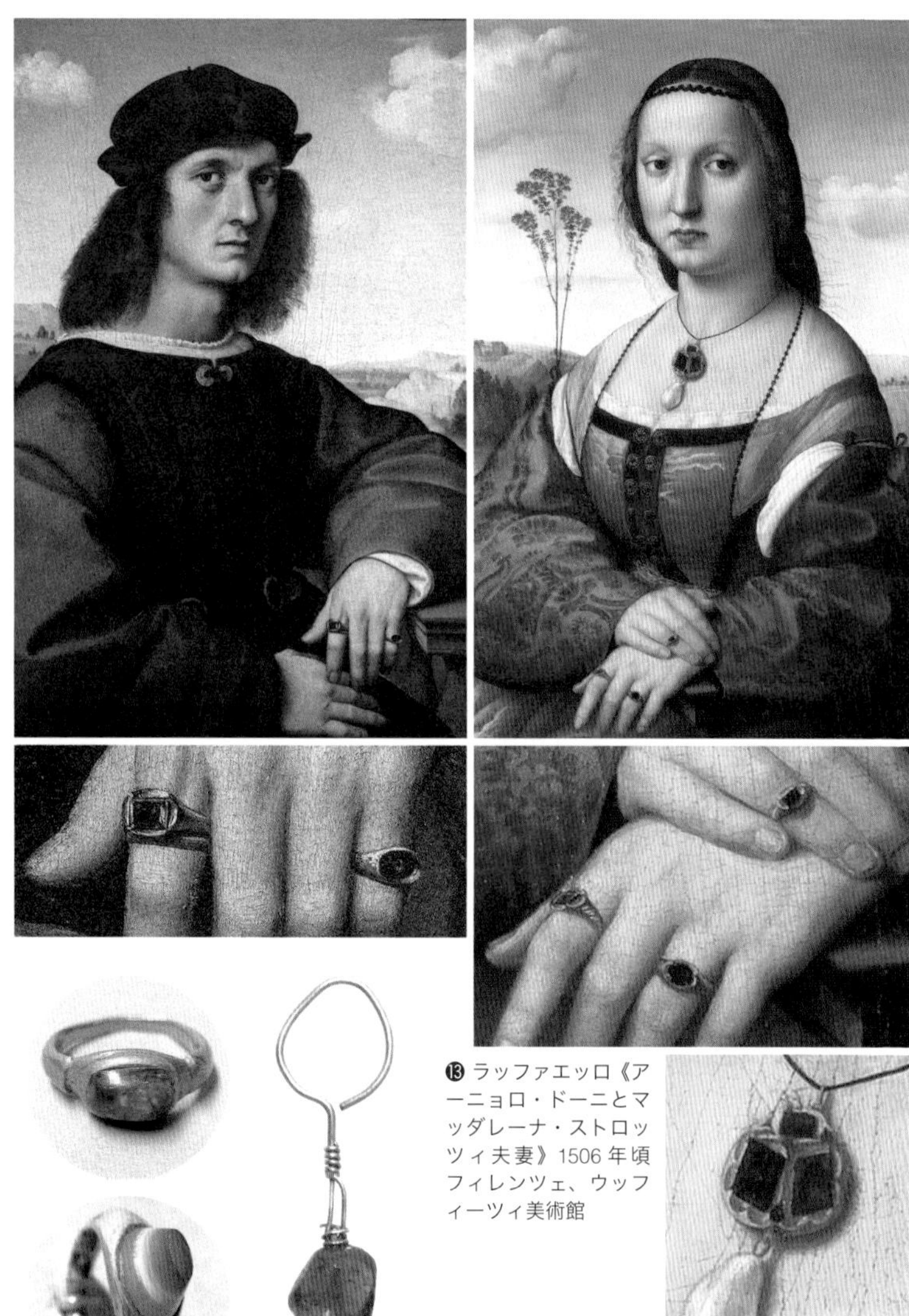

⓭ ラッファエッロ《アーニョロ・ドーニとマッダレーナ・ストロッツィ夫妻》1506 年頃 フィレンツェ、ウッフィーツィ美術館

⓮ 図 13 の部分

⓰ ローマ時代の宝飾品（ベリルの指輪　サードニクスの指輪　ガーネットのイヤリング）ニューヨーク、メトロポリタン美術館

⑰ ボッティチェッリ《シモネッタ・ヴェスプッチの肖像》1480年代前半　フランクフルト・アム・マイン、シュテーデル美術館

⑱《アポロンとマルシューアス》カメオ　パリ、フランス国立図書館メダル室

⑲《ネロの印章》前1世紀　ナポリ考古学博物館

⑯カーネリアンにインタリオで彫られたカメオ（ローマ皇帝ティベリウス）ニューヨーク、メトロポリタン美術館

海の貝でカキというのがある。それは朝早く、日の出にまにあうように海から上がってくる。そして口を開けて、天の露を飲み、日と月と星の光を殻の中へ封じ込める。そうして天空の光によって身ごもり、真珠を産むのである。

貝は二つの翼をもち、真珠はその中にある。

……ふたつの翼は旧約と新約の聖書である。そうして、日と月と星と、それに露は聖霊であり、それが二つの聖書に含まれる。では真珠は、――それこそ私たちの主イエス・キリスト[22]。

その白い輝きからも真珠は純潔に結びつけられる。マッダレーナの首の大きな真珠は、彼女の新郎に対する貞節の象徴であり、嫡子の懐胎を願うものであっただろう。

それぞれの石が持つ力はそれを身につける人を保護し災厄から守り恩恵を授けるだけではなく、石の有する性質がそれを身につける人間の地位や立場にふさわしい美徳として期待されるのである。レオナルド・ダ・ヴィンチの作品、通称《モナ・リザ》（イタリア語では《モンナ・リーザ》で「我が貴婦人リーザ」の意）は謎に満ちていると言われるが、その理由の一つは、リーザという名前やイタリアでの通称《ジョコンダ》というタイトルが示すよう

⓯ レオナルド・ダ・ヴィンチ　通称《モナ・リザ（ジョコンダ）》1503-06年頃　パリ、ルーヴル美術館

に、この肖像がフランチェスコ・デル・ジョコンドの妻リーザ・ゲラルディーニを描いたものならば当然身につけていたであろう装飾品を一切身につけておらず、それによって彼女のアイデンティティを推し量ることができないことだ（⑮）。

マッダレーナが身につけていた宝石はアンティークではないかもしれないが、先に述べたように、王侯貴族やメディチ家のような富裕な商人たちは多くのアンティークの宝石のコレクションを持っていた（⑯）。そしてそれを模倣した宝飾品を多く作らせた。ボッティチェッリの肖像画に描かれた若い女性の首にかけられたカメオもその一つだ。ボッティチェッリの《ヴィーナスの誕生》のヴィーナスのモデルともなったジュリアーノ・デ・メディチの愛人シモネッタ・ヴェスプッチを描いたと言われるモデルの若い女性の首には、アポロの竪琴とマルシュアスの笛の音楽の腕比べという神話のシーンを描いたカメオが下がっている[23]（⑰）。左に竪琴を持つアポロ、右側の木に結わえられたサテュロスのマルシュアスの後ろには彼の縦笛アウロスが見え、中央にはひざまづいてアポロに懇願しているオリュンポスが描かれている。このカメオはメディチ家のコレクションに実在した。現在はパリのフランス国立図書館メダル室にある、紅縞瑪瑙（サードニクス）の両面に同じ主題が浮き彫りにされているこのカメオの制作年は、カタログによるとヘレニズム時代のもの、あるいはルネサンス期のものとなっている[24]（⑱）。ジュリアーノの兄ロレンツォ・デ・メディチは、古代のカメオも多くコレクションしたが、カメオ制作の学校も作らせたといい、そこで制作された可能性もある。

同じく当時メディチ家のコレクションの中にあり、現在はナポリ考古学美術館の所蔵となっている

《皇帝ネロの印章》と呼ばれる紅玉髄(カーネリアン)に彫られたカメオ（四×三・四センチ）には浮き彫りではなくインタリオすなわち陰刻（沈み彫り）が施されている⑲。《ネロの印章》の構図はシモネッタの首にかかったカメオはとは向きが逆になっているが、反転していることを除けば細部までが酷似している。《皇帝ネロの印章》は実際はネロではなく、紀元前三〇年から紀元前二〇年頃にアウグストゥスがお気に入りの彫刻師ディオスコリデスに作らせたものだと言われ[25]、古代のカメオを手に入れたロレンツォ・デ・メディチが自分自身の銘をのちに刻ませたとされる[26]。パリの国立図書館には、ロレンツォが入れさせた銘も含めたこの印章のコピー（十七世紀後半）も存在している。

「皇帝ネロの印章」に使われたカーネリアンは皇帝にふさわしい石と言えよう。第2章で見たように、赤い色は縁起がよく、魔力があると考えられ、皇帝の好んだ色であった。マルボドゥスによれば、「持ち主が指や首に付けておくと議論の最中にこみあげてくる怒りを鎮めてくれる」[27]（22・336-337）とある。のちに第6章でも触れるが、古代エジプトではこの石の色は女神イシスの血の色を表すと言われ、ホルスを表す鷹などの神々の動物の形象もよくこの石に彫られた。アルテミスが彫刻されたカーネリアンは、持つ人を勇敢で気高く大胆にし、傷から守り、敵を弱めると言われる[28]。

シモネッタの首を飾るカメオが彫られた石はサードニクスだが、マルボドゥスによれば「この石は、鮮明な混じりけのない三つの色を、境目がはっきりわかるように、もっている。色によって名誉が高まり、美しさがますという。薄い色より濃い色が一層優美であるとされる……この石は、謙虚で慎み深く、控えめな容貌の人を美しく飾る」[29]（8・165-170）。控えめな容貌という言葉は当代一番の美女シモネッタにはふさわしくないが、確かにサードニクスの特徴はよく表しているだろう。フランス国立図書館のメダル（⑱）は両面に浮き彫りがなされているが、両面とも白の部分と背景になる石の層がはっきりと分かれている。ヒルデガルトによれば、「これを肌に直に押し当てたり、またたびたび口に近づけて息を吸ったり吐いたりして気息をあてたりすると、知力や知識、また身体の全感覚が増強する。強い憤りや愚かさ、無教養などはその人から去るだろう。悪魔はこの清浄さを嫌悪し、逃避するのである」[30]（『フィジカ』4・5）と、その魔除けの力についても述べている。

ボッティチェッリがこの絵を完成させたのは一四七六〜八〇年の間と言われ、一四七六年には結核でわずか二六年の生涯を終えたシモネッタの死後ということになるが、なぜシモネッタ・ヴェスプッチはこの残酷な神話のシーンを表す宝石を身につけているのだろうか。まず一つには、ジュリアーノ・デ・メディチの兄であるロレンツォ・デ・メディチの持ち物であったこの貴重な古代の彫玉（あるいは古代の彫玉のコピー）を身につけるということは、人妻であった彼女とジュリアーノの仲が公認であり彼女がロレンツォのサークルに受け入れられていたことを示すだろう。そしてこの神話のネオプラトニズム的解釈が、もう一つの理由である。[31]

マルシュアスはミネルヴァが生み出した葦笛を上手く吹けると自慢し、大胆にも竪琴を奏でるアポロとの音楽の腕くらべの申し出に応じる。結果はアポロの勝利に終わり、マルシュアスは傲慢の罰として生きながらにして皮を剥がれる。オウィディウスが『変身譚』に綴るこの物語は以下のようである。

「どうしてわたしを、わたし自身から引き剥がすのです？」とマルシュアスは泣きわめいた。「ああ、早まったことをしたものだ！　たかが笛ひとつで、こんな目にあうなんて！」だが、そう叫んでいるうちにも、からだの表面から皮が剥がれて、全身がひとつの傷となった。血が、いたるところから流れ出る。筋肉が露出し、皮膚をはぎ取られた血管は、ぴくぴくふるえている。痙攣する臓腑や、胸のあたりに透けて見える筋を、数えあげることもできるほどだ。

百姓たちや森の神々、牧神や兄弟の獣神たちが、彼を嘆き悲しんだ。瀕死の彼が、なおかつ愛を寄せていた少年オリュムポスも、さまざまな妖精たちも、あたりの山で羊や牛を飼っているすべての牧人も、彼を悼んで泣いた。[32]　（6・386）

マルシュアスの「なぜ私を私自身から引き剥がすのか？」という苦しみは、新プラトン主義では「物質的なもの、すなわち肉体からの精神の解放」を意味する。「肉体という牢獄からの魂の解放」はミケランジェロもまた渇望したものだ。死せるシモネッタの魂はこの地上の肉体から解放されることができる。この神話は音楽が重要なテーマだが、勝利したアポロが奏でる天上のハーモニーが若くして命を落としたシモネッタの魂を天へと導いてくれるように、という願いをこめてこのペンダントは彼女の首にかけられたと考えられる。のち6章でみることになる、古代エジプトのミイラの首にかけられた赤い石の護符が、あの世へと旅立つ死者を保護したように、これもまた一種の護符として機能したのであろう。

ルネサンスの人々もまた、宝石や彫玉などの宝飾品に美的な喜びを見出すだけでなく、それらに魔術的なあるいは占星術的な力を見出し、大いにそれに頼ったのである[33]。

3 自然への感応力

プリニウスは彼の三七巻に及ぶ『博物誌』の最後に宝石を扱い、「あらゆる創造の母なる自然に幸あれ。そしてローマ人のうちで、わたしのみがあらゆるあなたの顕現を賛嘆したことを心に留め、わたしに仁慈を賜わらんことを[34]」（37・78・205）と結んでいる。あらゆる驚異的なものを生んだ創造者としての自然への賛辞は、アリストテレスから続き、プリニウスののちも引き継がれる伝統だ。キリスト教では創造主「自然」が「神」に変わるが、造化の妙を讃える態度は同じである。王や皇帝たちの冠などだけではなく、キリスト教の聖遺物入れや聖書のカヴァーなどが金で作られ宝石を散りばめられているのを見ると、その世俗的で魔術的な美しさが許容されたのが不思議に思えてくる（⑳）。しかし、宝石の持つ多様な色や神秘的な輝きは、神の造化の業によるものでもあり、それを愛でることは神を讃えるものでもあったのだろう。

プリニウスは宝石について述べ、最後に自然の恵みに

⑳『聖エメラムの黄金福音書』の装丁板（870年頃　ミュンヘン、バイエルン州立図書館）

ついての各国の比較を行うが、全世界でイタリアほど自然の栄冠を勝ち取るあらゆるもので飾られている国はない、と誇らし気に書いている。その理由として、地理的位置、健康的で温和な気候、多くの港のある海岸、穏やかな風、豊富な水の供給、健康的な森林、道の通じている山々、無害な野獣たち、豊富な土壌と牧場などがあげられているが、まさに和辻哲郎がイタリアこそが地中海的風土の代表であると言っているのを彷彿とさせる。

鉱物についてはは「鉱石では金、銀、銅、鉄いずれにおいても、稼行が合法的に行なわれる限りは、イタリアを凌ぐ国はない」[35]と言っているが（37・77・202）、一方で様々なところで、象牙や珊瑚など資源の枯渇についても触れ、宝石を贅沢に使う人間の度を越した奢侈を批判している。

とくに真珠ついては、自身の頭像を真珠で覆わせた大ポンペイウスや、スリッパに真珠を縫い付けたガイウス帝（37・6・17）、カリグラ帝の妃ロリア・パウリナ、真珠を酢の中に入れて溶かし、それを飲み干したクレオパトラなどの女性たち（9・58・117-121）の例をあげている。

プリニウスが鉱石の稼行は適切に管理されるべきであると二〇〇〇年前にすでに述べているように[36]、私たちは自然からの恵みをむやみに浪費しないようにコントロールすべきであるし、また自然物の健全でクリーンな力の恩恵を最大限に生かすべきだろう。ミクロコスモス（小宇宙）である人間がマクロコスモス（大宇宙）の影響を受けるという古代ギリシャからの考えは占星術とも結びつき、天体の影響を受ける鉱物が人体の各部分と共鳴するという考えもそこに由来する。アーユルベーダなどでは宝石を薬剤として現在も用いているということだが、西洋の近代以降の科学では鉱物や宝石の持つ医薬品としての治療の力は眉唾ものとされている。しかし宝石の力を取り入れた療法も実際に行われている。マルボドゥスやリティカを原典から翻訳した小林晶子氏は次のように言っている。

その療法においては、石のもつ力を、結晶体の発する光の波動、あるいはオーラとして捉える。それは特殊な超能力（psychic power）を持つ者にしか意識的に感受できないが、患者は自分に適した石とその石の携帯の仕方を超能力者に教えてもらうことができる。(37)

そして、訳者小林氏自身が、その療法に将来何らかの科学的な解明が加えられていくことを期待している、と述べている。たとえばとくに緑や青の宝石にあると考えられてきた癒しの効能は、エメラルド色を通して患部に光を当てる治療や、免疫系にとって重要な胸腺の緑への感応の治療実験も試みられているという。(38)

宝石のオーラを感じることができるような超能力は、動物だけではなく木々や岩をも自身の歌で感動させたオルフェウスのように「自然とのシンパシー」を感じることができる人に与えられたものかもしれない。『リティカ』の中にも、「鳥たちがさえずりながら話すこと、四つ足の野獣たちが互いにほえながら話すことすべてを、私は知ることができる」（746 - 747）とある。(39)最近の研究ではシジュウカラは二〇ほどの言葉と二〇〇ほどの文章を使い分けていることがわかった。言葉を話すことで他の動物たちよりも優位にあると思い込んでいる人間は、最新の科学研究のお蔭で自身の思い上がりを是正し、他の動物の言葉に耳を傾けるチャンスを与えられているのだ。

私自身はたぶん現代人の多くと同じように、残念ながら自然のオーラと共感する力をすっかり失い、小鳥の言葉も聞き分けることができない。しかし、少なくとも私たちは自然の恵みに感謝する心を忘れてはならない。そして科学史家 大槻真一郎氏が言うように、「汚染されていく人工産物でもって……地球をびっしりとおおいつくしてしまう」ことのないように方向を転換し、現代のテクノロジーが「限りない邪悪な欲望の道[40]」をたどらないようにすることができるのは、今を生きる私たちなのである。

第4章 薬草の力

薬草の力

前章では石や鉱物の力について見た。ここでは植物の力について見てみよう。まずはざっと西洋の植物誌、より正確には薬草誌の伝統を古代から見ていきたい。

1 植物誌

古代ギリシャではアリストテレスももちろん植物学的考察をしているが、現在彼の著作集に入れられている植物学の論考は彼自身のものではないらしい。ゆえに、近代の植物学に多くの示唆を与えた分類学的理論をうちたてた彼の弟子のテオフラストス（前三七一〜前二八七）が、事実上の植物学の始祖と呼ばれるべきだという(1)。ヘレニズム期にはアレクサンドリアで本草学が盛んであった。その影響を受けた一人、小アジアのコロフォンの詩人であり医学者でもあるニカンドロス（前二世紀）には、蛇などの生物の毒に対する解毒剤についての『テリアカ』と、動物・鉱物・植物の毒や食中毒に関する薬についての『アレクシファルマカ』という六歩格（ろくぶかく）詩の著作がある。ローマ時代（一世紀）にはキリキア生まれのギリシャ人ディオスコリデスが、ローマ軍の軍医という立場で従軍に伴って各地で薬用植物を実際に見聞し『薬物誌 *Materia medica*』を著した。ディオスコリデスはまた動物や鉱物の薬学的効能についても述べており、その分類法は、機能すなわち効能によるもので、ヒポクラテス医学の体液説に多くを負っていた。

ディオスコリデスと同時代のプリニウスも『博物誌』の中で薬用の植物や動物、鉱物を扱っているが、その記述には多くの俗信が含まれていることが、ディオスコリデスと異なっている点だ。帝政ローマ期の皇帝の侍医たちの多くも薬学に通じていた。ティベリウス帝の侍医メネクラステスやネロ帝の侍医アンドロマコスもまたテリアカ（解毒剤）を調合した。

ディオスコリデスの著作は一〇〇年後の医師ガレノス（一二九頃〜二〇〇頃）にも影響を与え、様々な地域や時代で肉付けをされ、再編された。アルファベット順に並べ直したものも作られた。ギリシャ語が使われ続けた東ローマ帝国ではギリシャ語とともに古代ギリシャの知識は受け継がれたが、西ローマ帝国ではラテン語への翻訳とともに、本草書の内容は「低俗化した」と大槻真一郎氏は言っている[2]。西欧中世に流布したのは、ディオスコリデスのラテン語訳と、別系統の『（プラトン学派の）アプレイウスの本草書』と呼ばれるものや十世紀のコンスタンティノポリスで編まれた農学についての記述を集めた二〇巻の著作『ゲオポニカ』などが混じり合ったものであった[3]。

植物図鑑には当然挿絵がついているとわれわれは考えがちだが、興味深いことに、ギリシャ人は挿絵をつけなかった。挿絵をつけるのは学問的に低級だと思われていたらしい。「すべての学問は、筋道のとおった言葉（ロゴス、論理）で追求すべきであり、絵画術のごときは実物（真実）のいわば真似事、その単なる影像にすぎないものだった[4]」からである。そのようなわけでディオスコリデスの著作の写本のうち、現存する最古の挿絵入りのものは、いわゆる「ウィーン写本」と呼ばれる六世紀初頭にコンスタンティノポリスで制作されたものである（❶）。それ以降の植物誌や薬草誌の挿絵はコピーを重ねるうちに次第に画一化されていき、植物の実際の姿を必ずしも忠実に再現しないものになったが、十四世紀になると実際にものを観察しながら描こうとするゴシック・リアリズムと共に、リアルな挿絵が描かれるようになってくる[5]（❷）。

八五四年頃にはアラビア語にも訳されたディオスコリデスの『薬物誌』の写本は、のち十四〜十五世紀になるとキリスト教による抑圧から逃れて古代の知識を受け入れようとする潮流の中で、再び西欧世界にも現れる。十五世紀になるとディオスコリデスに加え、テオフラストスやプリニウスの著作も、印刷術の発展に伴い挿絵入りで出版され始めた。鉱物・植物を含む薬物学研究は、錬金術医学とも結びついた。また近代植物学は解剖学の発展の中でより正確な挿絵を作ることにも成功し、形態や器官を中心とした近代植物学へと発展していった[6]。

［サレルノ養生訓］

イタリア半島のギリシャ植民地（マグナ・グラエキア）にあり、ナポリからティレニア海に面したアマルフィ海岸を四六キロ南下したところに位置するサレルノは、紀元前六世紀頃にはオスク人やエトルリア人、そして紀元前五世紀にはサムニウム人など

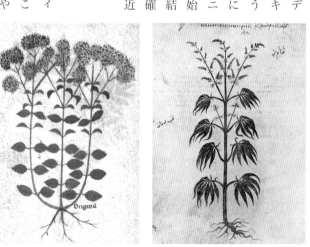

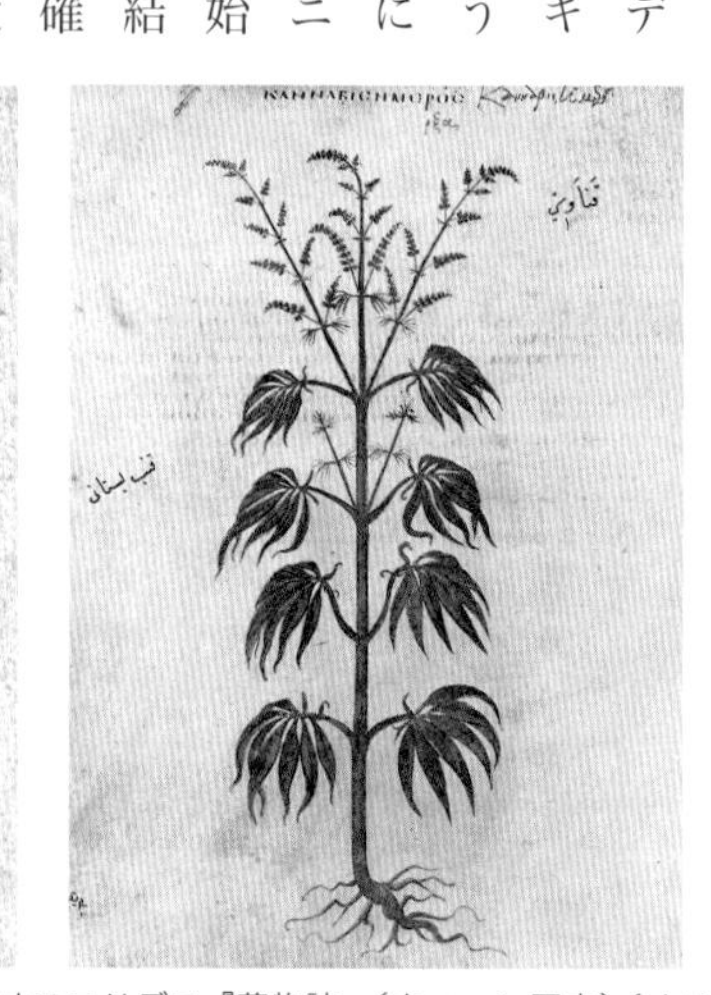

右：❶ 麻　ΚΑΝΝΑΒΙΣ ΗΜΕΡΟΣ（ディオスコリデス『薬物誌』〔ウィーン写本〕fol.167v 6世紀　オーストリア国立図書館）
左：❷ オレガノ origanum（*Circa instans*　f.70　1300年頃　大英図書館 Egerton MS.747）

が居住していたが、紀元前二世紀初頭（前一九七）にローマの海洋植民市となった（❸）。ローマ時代には鉱泉が近くに存在していることもあって保養地として有名であり、西ローマ帝国崩壊後は、ランゴバルド族のもとで栄えた。九世紀後半のサレルノは、ヴィア・ポピッリアという道でカプアから到達し聖地エルサレムに海路で向かうための、ランゴバルド族の領地内で唯一の港だったようで、十世紀には多くの聖職者たちがサレルノからエルサレムに出立し、あるいはエルサレムからの帰途サレルノに上陸した[7]。

古代ギリシャの科学の知識を継承して六〜十世紀にはすでに医学が盛んであり、自然環境に恵まれた「ヒポクラテスの街」と呼ばれたという[8]。すでに九から十世紀にかけて医学の学校があったが、重要な港であったサレルノはビザンティンやアラブ文化からの影響を大きく受けていたため、この医学の学校の基礎も古代ギリシャ・ローマとヘブライ、アラブの医学の伝統の統合であった。伝説ではアラブ（サラセン）人、ビザンティン人、ユダヤ人、ラテン人の四人の医師の偶然の出会いから設立されたことになっている[9]。医学の中核はヒポクラテス、ガレノスらの四体液説（血液、粘液、黄胆汁、黒胆汁の四種類を人間の基本体液とする体液病理説）であった。

サレルノから直線距離にして一二〇キロほどのところにある聖ベネ

❸ サレルノ湾に面した海岸風景

ディクトが創設したモンテカッシーノ修道院の存在も大きい。モンテカッシーノの修道士たちは病人の介護をし、九世紀のベルタリウスや十一世紀のデジデリウスなどは医学書を著した。北アフリカに生まれたコンスタンティヌス・アフリカヌスはギリシャやアラビアの医学書を訳し、自身もモンテカッシーノ修道院で医学書を執筆した。サレルノの医学校が、いわゆる大学という組織にいつなったのかは不明であるが（ついぞならなかったとも言われる）、一二二四年にフェデリーコ（フリードリヒ）二世がサレルノ医学校に医師免許授与を許可する発布をし、彼が一二三一年に制定した「メルフィ憲章」にこの学校のカリキュラムが定められ、医師としての活動はこの学校で資格を得た者だけに許されると書かれていることから、その頃には大学に相当する制度が整えられた組織であったと思われる。(10)

さて、そんなサレルノにミネルヴァの庭と呼ばれる植物園がある。ナポリに一年間留学しながら、当時はサレルノに足を伸ばす機会がなかった私は、五年ほど前にサレルノを訪れ、この植物園にも立ち寄った。それは海抜三〇〇メートルという市のもっとも高い部分に建つ、ランゴバルド族の王アレキの城塞へと至る坂道にある（❹）。ゆるやかな上り坂ではあるが、中心街からは結構な距離を歩くので、夏の日差しの中汗ばみながら到達す

❹ アレキ２世の城、８世紀建立

❺ ミネルヴァの庭

ると、ナポリなどでよく見かける色鮮やかなタイルで作られたテラスから海も見渡せる素晴らしいロケーションだ。十二世紀の庭だった場所は現在の植物園がある二メートルほど下に埋もれているらしい（❺）。シルヴァティコ家の私庭を、一三二〇年頃までに医学修士の称号（前述のように、フェデリーコ二世に許可されてサレルノ医学校が出した医師免許取得者に与えられた）を持つマッテオ・シルヴァティコが薬草園（イタリア語：giardino dei semplici、ラテン語：hortus semplicium）に作り変えた。ヨーロッパでもっとも古い大学の一つがあるパドヴァは、一五四五年に世界で最初の大学付属の植物園を作ったと標榜しているが、実はサレルノのこの薬草園がヨーロッパのすべての植物園の原型となったという。[11] マッテオ・シルヴァティコは自身の庭の薬草を使ってサレルノ医学校で薬草の名とその効能を教え一三一七年に『薬物類纂 *Opus pandectarum medicinae*』と題された、薬効のある植物や鉱物についての著作を著した[12]（❻）。まず植物の名前のラテン語・ギリシャ語・アラビア語名が示され、植物の形態について、とくに根や球根の形についての詳しい叙述があるこの本は、一四七四年には印刷されている。

「ミネルヴァの庭」植物園には瀟洒なショップとカフェも併設されており、いろいろな種類のハーブティーが飲めるようになっている。喉の渇きを癒すと

❻ 弟子たちに薬草について教えるシルヴァティコ（マッテオ・シルヴァティコ『薬物類纂』1526 年版扉　大英図書館）

いう夏にぴったりのハーブティーを買って帰ったが、非常に美味しかった。どのようなハーブが入っているのかその配合を書き留めそびれたので、いつかまた買いに行きたいと思っている。

マッテオ・シルヴァティコ以前にも、十二世紀末に著された『サレルノ神秘の薬草の本 *Liber de simplici medicina secreta salernitana*』という本があった。書き出しの言葉（Incipit）である Circa instans negocium in simplicibus medicinis nostrum versatur propositum（私たちの当面の関心は薬草の問題に向けられている）の頭の部分 Circa instans（チルカ・インスタンス）という名で一般に呼ばれていたその本は、ディオスコリデスに基づくが、植物名をアルファベット順に並べたものだった。しかし、中東で多く用いられるジャスミンやバームやニゲラを含むことからアラブの植物学や医学の知識も含まれていることがわかる。[13] 著者は、サレルノ出身の医師マテウス・プラテアリウス（マッテオ・プラテアリオ、十一〜十二世紀）である（❼）。

医学の中心がサレルノから北イタリアのパドヴァへと移

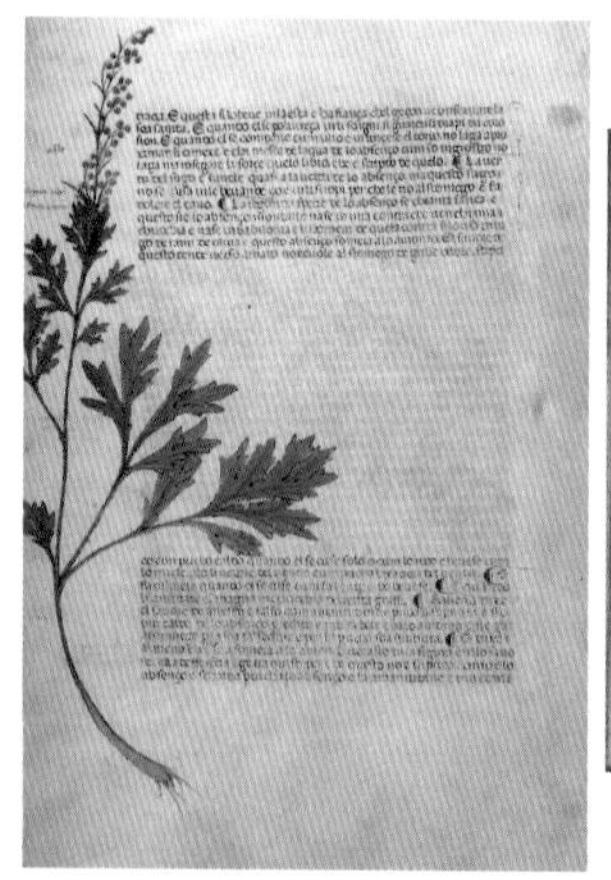

❽ ヨモギ Artemisia vulgaris（『カッラーラ本草書』fol.12v. 1400年頃 大英図書館 Egerton MS 2020）

❼ マテウス・プラテアリウス *Circa instans* fols.17v-18r（1480-1500年頃 ウエルカム図書館 Western Manuscript 626）

る時期の十五世紀初頭には、本草書の挿絵もリアルなものになっていく。パドヴァの領主フランチェスコ・ダ・カッラーラがイタリア語訳をつけて作らせた『カッラーラ本草書』とよばれるもの（❽）、そして同じくイタリアのヴェネト州のベッルーノで作られた『ベッルーノ本草書』なども十五世紀の初頭に作られた[14]。

そもそも薬草園は修道院にあった。回廊に閉ざされた庭は中心に井戸、あるいは木があり、そこへと導く四つの道はパラダイスの四つの川を表象している（❾）。修道士たちの瞑想の場でもあり、また薬草を植えた実用的な薬草園もあったその場所は、マリアの閉ざされた子宮を暗示する「閉ざされた園 *hortus conclusus*」でもあった[15]。薬草園もまた、医学や薬学の学びが修道院から大学などへと移っていくにつれ、修道院の閉じられた空間だけではなく世俗世界へと広がっていく。かくして領主たちもまた自身の館の庭にエキゾチックな植物を含む薬草園を作るようになる。

サレルノ医学校で十二から十三世紀にかけて編まれたといわれるのが『サレルノ養生訓 *Regimen sanitatis Salernitanum*』という三六三行のラテン詩で、薬草や食べ物の効能だけでなく、生活の方法や瀉血の仕方、そして四体液に基づいた摂生法などが述べられている。印刷された一四八〇年以降、非常にポピュラーなものとなり、十九世紀まで使われた[16]（❿）。

ちなみに、サレルノ医学校では女性は学生としても教師としても受け

❾ ヴェローナ、サン・ゼーノ修道院の回廊
1123 年修復

入れられた。十一世紀半ばにはトロトゥラ・デ・ルッジェーロという女性医師が産科学・衛生学などを教授し多くの著作を残した。彼女ののち十三〜十五世紀にも女性の医師が輩出した。[17]

［タクイヌム・サニタティス］

同じく四体液説を基本とし、東方の医学知識と統合したイスラーム医学に基づく健康書で、アラビア語からラテン語に訳されたものが、一般に『健康全書』と邦訳される『タクイヌム・サニタティス・イン・メディチーナ *tacuinum sanitatis in medicina*』である。[18] バグダッドで学び十一世紀半ばに活躍した東方系キリスト教徒の医学者イブン・ブトラーンが著したこの著のタイトルは、直訳すると「健康についてのチャート」である。チャートには現在では海図や表、医学用語としてはカルテなどの意味があるが、十四〜十五世紀以降に高価な挿絵入り写本が編まれる以前、この書は表の形で著されており、アラビア語の原題も「健康表」という意味である。[19] 一二六六年にはラテン語に訳されていたことが知られており、表形式のものには果実、穀物、豆類、ハーブ、パン、酢、乳製品、動物の肉、鳥類、魚、酒類の他、料理について、ナッツやシロップ、そして健康な生活習慣についてなどが四〇枚の表に七項目ずつ、二八〇項目にわたって書かれている。このうちハーブと書かれている表は二つと多くはないが、「香

❿『サレルノ養生訓』最初の印刷本扉　1480 年

料と花」という表や「良い香りとシロップ」という表もある。

十四〜十五世紀の写本は植物を育てたり刈り取ったりする人々の営みや健康な生活の活動などを描写する美しい挿絵のほうがむしろ主要であるかに見え、項目数も一般に減っているが、表形式のものには登場しないヘンルーダ（⓫）やパセリ、ローズマリー、カモミール、チコリなどヨーロッパ産のハーブや食材が付け加えられている。[20]『サレルノ養生訓』ほどは普及しなかったと言われるが、ある都市の施政者が所有していたことが、結果的に公衆の役にたった例を山辺規子氏が紹介している。『タクイヌム・サニタティス』の豪華な図版付き写本（⓬）を作らせたミラノのヴィスコンティ家の蔵書にはマイーノ・ディ・マイネーリによる『健康法 *Regimen sanitatis*』などとともに多くの医学書があったとされ、ヴィスコンティ家統治下のミラノ公衆衛生が効を奏し、一三四八年のペスト大流行の際にほとんど被害がなかったというのだ。[21]

右：⓫ ヘンルーダ　Ruta（『タクイヌム・サニタティス』f.32　15世紀　パリ、フランス国立図書館　MS Latin 9333）

左：⓬ ヴィスコンティ家の『タクイヌム・サニタティス』（fol.22v. 瓢箪 Cucurbite）1390年頃　ウィーン国立図書館　Cod. series nova

2 薬草とまじない

今まで見てきたように、多くは経験に基づいた前近代的な形態であるにしろ、医学や薬学の一環として疑似科学ともいえるものの中で扱われていた薬草であるが、その科学的根拠と、ある種の信仰に基づく効果への期待との間にはっきりと境界線を引くことは難しい。ルター派の牧師で、医師でもあったドイツ植物学の父ヒエロニムス・ボック（一四九八～一五五四）は、著作『新本草図譜 *New Kreuterbuch*』⑬の中で「大勢の人々がこれらの薬草を悪霊除けや雷雨除けに持ち歩いており、自然の理に従って語れば、それはまったくのでっち上げではないのだ」と言っている。[22]キリスト教ではまじないは忌避するべきものだったかもしれないが、実際には、薬草も教会で聖別されたのち護符として身につけられたという。[23]

⑬『新本草図譜』（1546 年）に描かれたヒエロニムス・ボックの肖像

若い人は聞いたことがないかもしれないが、私ぐらいの世代の方だと、サイモン＆ガーファンクルの歌う『スカボロー・フェア』をご存知だろう。イギリス、ヨークシャーの街スカボローは、中世から市で賑わっていた。サイモン＆ガーファンクルの楽曲はイギリスに古くから伝わる歌をアレンジしたもので、「パセリ・セージ・ローズマリー・アンド・タイム」というフレーズがリフレインして何度も出てくる。歌詞には複数のヴァージョンが存在するが、もともとはある男性が恋人に不可能な課題を出し、女性もそれに答えてまた彼に不可能な課題を出すという恋の謎かけのようなやりとりを歌ったものだそうだ。これらの一見唐突に思えるリフレインの中の四つのハーブはいったい何なのだろうか。市で売られているハーブを並べただけのようにも聞こえるが、それらについては様々な解釈がなされている。まず、これらは恋を成就させる効能のあるハーブだろうという解釈だ。そして、もう一つはこれらのハーブが邪気を払うものであり、すなわちまじないの言葉として使われているという解釈である。

ハーブの匂いの効果についてはのちに触れるが、パセリは抗菌効果があり口臭避けにも使われる。古代ローマ人はパセリとヘンルーダで作ったネックレスを首にかけ魔除けにしたという。[24] セージは健康増進のための代表的なハーブで「セージの生えている庭を持つ家には病人はいない」という格言は中世のアラブ世界とヨーロッパを通して知られていた。[25] ローズマリーの小枝は学習中に身につけると頭が冴えて記憶力が高まるとされ、またペスト防止のために香のように燃やされたそうだ。[26] タイムも抗菌効果があることで知られ、この後に紹介する「四人の盗賊の酢」にも配合された。抗菌作用や防腐作用があるハーブは、邪もまた退けると考えられたのだろう。また健康によいハーブは気分を高揚させる働きもあって、恋する気分を助長するのかもしれない。

他にまじないの言葉としてハーブを唱える例としては、イタリア人ならよく知っている一九八三年の有名な映画がある。タイトルは日本語に訳すと『目（気をつけて！という意味もある）・邪視・パセリ・ウイキョウ』という意味だ。二つのエピソードから成る映画の第一部で主演する喜劇役者リーノ・バンフィは、非常に迷信深い商売人の役である。彼は第1章で述べた赤いコルニチェッロや次章で紹介する背中に瘤のある人物 Gobbo の形のお守りを車にぶら下げている。ナポリでは映画同様、車のミラーにお守りがしばしば束になってぶら下がっているが、交通安全祈願の意味も含め車にお守りをぶら下げるのはおそらく万国共通なのだろう。彼は車の前を黒猫が横切ると、そのお守りを握りしめ、家の扉にもコルニチェッロをぶら下げている。

この映画のタイトルは、主人公が風呂桶につかりながら様々なハーブやコルニチェッロならぬ大きな角などを手に持って唱えるまじないの言葉である（⓮）。「邪視」あるいは「邪眼」はイタリア語ではマロッキオ malocchio（文字通り「悪い目」の意）、ナポリなど南イタリアではイエッタトゥーラ **jettatura**（gettare つまり「浴びせかける」という言葉に由来）などと呼ばれている。邪視については第5章で詳しく見るが、単に視線を投げかけるだけで、あるいは妬みや悪意をもって人を睨むことで相手に災いが降りかかるということは、ナポリやイタリアに限らず広い地域で信じられている。ウイキョウ（フィノッキオ finocchio）は明らかにマロッキオ malocchio と韻を踏むためにも選ばれているのだが、ナポリでは古くからみじん切りにしたパセリとウイキョウを使った儀式で邪視を払ったという[27]。

「目、邪視 occhio malocchio」は、第2章の角のところで紹介した Sciò sciò ciucciuè というフクロウを追い払う言葉で始まるナポリに伝わる呪文の一部でもある。ナポリに今でも存在する黒い帽子を被

⓮『目・邪視・パセリ・ウイキョウ』（1983 年）

り黒いジャケットを身につけ、香炉を振りながら厄払いをするお祓い師によってても唱えられる。古い映画だがソフィア・ローレン、マルチェッロ・マストロヤンニ主演の『昨日・今日・明日』（一九五〇）にも登場するので、ご記憶にある方もいらっしゃるかもしれない。もともと迷信深いと言われるナポリ人だが、コロナウィルスの蔓延でこの職業の人たちはきっと引っ張りだこだっただろう。

ウイキョウ（*Foeniculum vulgare*）は日本人にはあまり馴染みがないかもしれないが、ヨーロッパではポピュラーな野菜だ（⓯）。フェンネルという名前のほうをご存知の方も多いであろう。プロヴァンス地方ではアニス、リコリスと共にウイキョウの種を漬け込んで味付けをしたマルセイユ生まれのリキュール、パスティスが有名である。水で割り氷を入れることもあるこのリキュールは、水を入れると白く濁り、アブサンとよく似ている。実際二十世紀の初頭にアブサンの製造が禁じられた後、その代用として作られたそうだ。私も何年か前の九月、エクサンプロヴァンスを訪れた時に、友人に紹介してもらった現地在住の方に案内していただきパスティスを飲んだ。水と氷で割ってもビールぐらいのアルコール度数はあるだろうから、午後の時間にカフェのようなところで老若男女が小ジョッキぐらいのグラ

⓯ 膨らんだ茎を野菜として食べるウイキョウ（栽培品種 *Foenicum vulgaris* var. *dulce*）

⓰ パスティス

スに氷を一杯入れてストローで飲んでいるのは少し不思議であるが、たしかにウイキョウなどの爽やかな風味は涼を誘うかもしれない（⑯）。

イタリアのサラミは胡椒が入ったものなどがポピュラーだが、ウイキョウの種（植物学上は果実）が入っている赤ワインに漬け込んだサラミ、フィノッキオーナというトスカーナのサラミが私は大好きである。『君主論』で有名なマキャヴェッリ（一四六九～一五二七）もそれに言及していることからもその起源が古いことがわかる。いまではトスカーナに限らずイタリア中で作られているそうだが、少し前まではどこのスーパーにでもあるというものではなかった。フィノッキオーナにウイキョウの実が入れられたのは、高価な胡椒の代用としてであったらしいが、防腐効果は胡椒には劣るため、保存がより難しい。ローマの友人も何年か前には「フィノッキオーナは長く保存できないから、いつもあるとは限らないんだ」と言っていた。

「マラソン」の語源は「マラトンの戦い」での勝利を伝えるために四二キロの道のりを走った兵士の伝説にあるが、その地名マラトン（Μαραθών）はそこに繁茂していた野生のウイキョウのギリシャ名に基づくのだそうだ。いっぽうで、タイタン（巨人神族）の一人プロメテウスは、オリンポスの火を盗んで人類に与えるためオオウイキョウの茎の空洞にその火を隠して運んだと言われるが、このオオウイキョウ（*Ferula communis*）は同じセリ科に属するものの、ウイキョウとは別の植物だそうだ。(28)

ディルに似たウイキョウの葉は、ディオニュソスの取り巻きたちによって冠に使わ

⑰ イーチョー葉

れた。中世ヨーロッパでは、夏至祭の前夜に災いや魔物から家を守るために他のハーブと一緒に戸口に吊るしたそうである。[29]

実はウイキョウは沖縄でも臭い消しとしてアバサー（ハリセンボン）汁に使われる。イーチョー（ウイキョウ）葉と呼ばれ、スーパーには置いていないが、道の駅や地元野菜の販売所などでは見かけることもある⑰。残念なことに、茎の部分が膨らんでいるものは売っておらず、かつて沖縄に住んでいたイタリア人の友人も探し回ったが、ついぞ茎が膨らんだものは見つけきれなかった。実はこのタイプのものは *Foenicum vulgaris* var. *dulce* という栽培品種なのだそうだ。しかし、なんとこの本を書いている間に沖縄でも栽培されるようになったらしく、小さいが白く膨らんだ茎の沖縄産ウイキョウが時折売られているのは実に嬉しい。

ウイキョウとまじないの話をしていたら、ある人が「カルロ・ギンズブルグが研究したベナンダンテもウイキョウを持って戦っていましたよね」と思い出させてくれた。ベナンダンテというのは、直訳すると「善良な歩く人」という意味で、オーストリアやスロベニアと国境を接する北イタリアのフリウーリ地方に十六世紀末から十七世紀にかけて存在した豊穣を祈願する農耕信仰の中で、ストレゴーネ（魔術師）たちと夜の集会の中で戦ったという人々

⑱ モロコシ（タカキビ、コウリャン）

⑲ 動物に跨って悪魔と戦うベナンダンテたち（16 世紀の版画）

である。ベナンダンテたちはウイキョウの束を、ストレゴーネたちはモロコシ（高粱）⑱の茎を持って戦い、ベナンダンテたちが勝つとその年は豊作になると信じられていた⑲。のちにこの農民たちの信仰もまた異端審問のやり取りの中で悪魔のサバトと看做されるようになっていくのだが、ベナンダンテたちは、魔術師たちと戦うときにはニンニクやウイキョウを食べた。[30]魔除けとしてよく知られたニンニクと同様の力をウイキョウも持っていると信じられていたのであろう。ストレゴーネたちが戦いの際に使うモロコシの意味についてはのちに述べよう。

❸ 四人の盗賊の酢

先に触れたタイムなどのように、ヨーロッパに産する植物由来の香辛料にも抗菌作用があるものが多い。しかし何といってもクローブや黒胡椒は抗菌作用や防腐作用、抗酸化作用があることで知られ、西洋が大金を払ってでも喉から手が出るほど手に入れたい貿易品であった。黴や腐敗などから食品を守るため、塩と同じように不浄なものや病魔を退治するお守りとも見なされたのだろう。

フランス、特にプロヴァンス地方でポピュラーなものに「四人の盗賊の酢 Vinaigre des 4 voleurs」というものがあるが⑳、その由来はペストの蔓延していた一六三〇年頃のトゥールーズあるいはマルセイユで起

⑳「4 人の盗賊の酢」

㉑ ウベルティ氏の「4 人の盗賊の酢　Elixir Uberti des 4 voleurs」

こった出来事にあると言う。ペストに冒された病人や死人から盗みを働いていた不届きな四人組が捕まえられたが、彼らは何故自分たちがペストに感染することなく盗みを続けることができたのか、その秘密を教えるから命は助けてくれ、と懇願したという話だ。彼らの秘密というのがローズマリー、セージ、タイム、ラヴェンダーなどを酢漬けにしたものを、体じゅうに塗るということであった。[31] この液体のレシピは現在でも引き継がれている。たとえばイタリア出身でフランスに移住したウベルティ氏が作ったものは、りんご酢にハーブなどを漬け込んで飲用できるようにしたものだという[32]（㉑）。その他にも酢ではなくリキュールをベースにしているものもある。写真を撮影してくれたトゥールーズに住む友人は「買って試してみよう。コロナにも効けばいいなあ」と言っていた。コロナウィルスに対する作用はともかく、少なくとも免疫力を高めることは間違いないだろう。

ちなみに実際に盗賊たちの命乞いが聞き入れられたのかどうかは、トゥールーズで語られているヴァージョンとマルセイユで語られているヴァージョンとでは異なっている。マルセイユでは、幸運にも約束通り命乞いは聞き入れられたが、トゥールーズでは結局処刑されたと伝えられている。

4 ペストの医師

新型コロナウィルスの流行で、ペストが流行った時に

㉒《ローマのペストの医師 Doctor Schnabel von Rom》1656年

治療をする医師を描くこの版画もよく紹介されるようになったが（㉒）、このペストの医師たちも自分がペストに感染しないようにハーブや香辛料を使っていた。今の防護服のように頭から足元までぴったり覆う服と手袋を身につけているが、これはフランス王ルイ十三世の医師シャルル・ド・ロルムによって一六一九年に考案され十八世紀まで使われていたもので、蠟で防水加工しているという。顔につけている仮面、つまりマスクはローマやヴェネツィアなどでペスト用にすでに使われていたものを彼が改良したのだそうだ。マスクの目の部分はガラスで覆われ、鳥のくちばしのようになっている部分にはラヴェンダー、タイム、没薬、ミント、樟脳、ニンニク、丁子、そして酢を含ませたスポンジ、すなわちフィルターが入っている。くちばしのように長くなっていることで、感染者から距離をとることができた。これは空気を浄化し、強烈な悪臭を防ぐものだった。手に持っている杖は、患者に触れることなく診察したり、服を脱がせたり、人々を近づけないようにするためだった[33]。マスクを着用したり接触を避けたりと、私たちが今新型コロナウィルス感染防止対策として行っていることも、結局十七世紀から実はほとんど変わっていないのだ。その特異ないでたちは、ヴェネツィアのカーニヴァルではお馴染みだが、十八世紀の初頭にようやくペストが収束を見たのちに、この仮面がペスト

㉓ カーニヴァル用のペストの医師の仮面

除けのまじないとしてカーニヴァルで使われるようになったということだ（㉓）。

５ 匂いの効果

ナポリのお祓い師は時に香炉を持たず、塩を撒くこともある。塩の浄化作用を信じるのは西洋でも日本でも共通している。イタリアでは塩を誤って撒き散らしてしまうと災いがあると言われ、そのような時には、後ろ向きに左肩越しに一つまみの塩を投げるそうだ。この理由としては諸説あるが、一つには、悪魔は私たちの左後ろに座っているから、その悪魔の目に向けて塩を投げつけているのだという[34]。あるいは無駄にしてしまった塩の代わりを悪魔に渡して満足させるとも解釈されている。沖縄でも塩を入れる小さな袋、マース袋は伝統的なお守りだそうで、コロナ感染拡大でまた見直されている（㉔）。イタリアでも幸運を呼ぶものとして塩を贈ったり、小さな袋やハンカチに塩を入れてお守りとしてポケットに入れるようだ。ディオスコリデスもまた、塩について次のように言っている。

> 一般に上述の塩は用途が広く、収斂作用、洗浄作用、浄化作用、溶解作用があり、また体の異常を抑え、痂皮形成を促すが、効力に多少の相違がある。腐敗を防ぐ作用もあり、痒み止め軟膏にも混入される。眼にできる異常隆起を抑制し翼状片や他の肉

㉔ マース袋

の異常隆起を解消する。浣腸剤にも適しており、オリーブ油と混ぜて塗れば疲労を取る[35]。（『薬物誌』Ｖ・109）

などなどその効能はまだ続く。

マース袋と同じような匂い袋もまたある種の病魔避けであった。薬草は、魔術にも使われ、民間療法的あるいは異教的な領域に属しながらも、キリスト教の中でも確固たる地位を得た。そもそも香料植物は神々や霊魂との交感の道具として人類史上に登場した[36]。やがて芳香のある薬草は、魔除けや護符に使われた。ディオスコリデスの『薬物誌』の中にも乳香や安息香、ミルラなどの樹脂類や、香油を含む多くの芳香類が扱われ、これらの薬効が説明されている。

古代の香辛料、また東洋から輸入される香辛料、香煙や吊り香炉は悪霊退散や禊に使われた。中世の人々は小さな布の袋に芳香を放つハーブや花を入れて、首から下げたり腰紐につけたりしていたという。十三〜十七世紀に人々が身につけたポマンダーは、フランス語で竜涎香（りゅうぜんこう）（マッコウクジラの腸内から取られるもの。アンバーグリス）の玉を意味する pomme d'ambre が語源になっている。竜涎香、海（かい）

㉕ ポマンダー（16世紀の木版画）

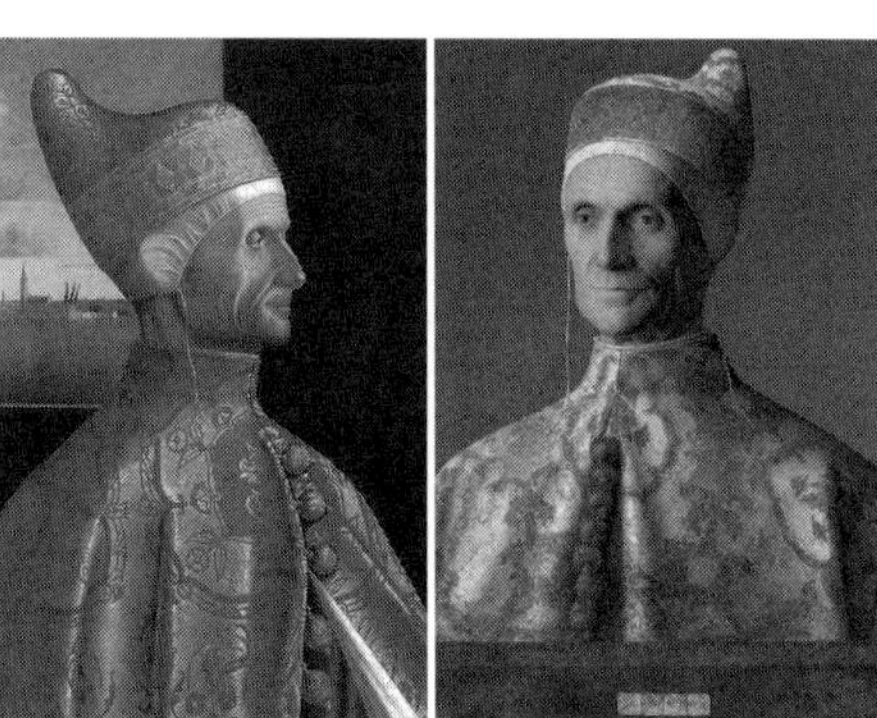

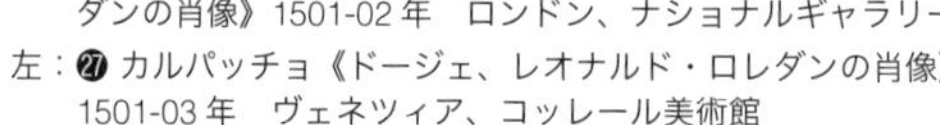

右：㉖ ジョヴァンニ・ベッリーニ《ドージェ、レオナルド・ロレダンの肖像》1501-02 年　ロンドン、ナショナルギャラリー

左：㉗ カルパッチョ《ドージェ、レオナルド・ロレダンの肖像》1501-03 年　ヴェネツィア、コッレール美術館

狸香（ビーバーの香嚢から取れる）、霊猫香（ジャコウネコの分泌腺嚢から取れる。シベット）、麝香（ジャコウジカの香嚢から取れる）などの動物由来の香料に時に香草も加え、トラガカントゴム（マメ科の低木の樹液から生成）と混ぜた玉そのものだけでなく、それを入れる容器もポマンダーと呼ばれた[37]（㉕）。ポマンダーはデオドラントとしても機能したが、ペストの原因である腐敗した空気を芳香によって撃退することから、ペストを抑止する効果もあると信じられていた。ジョヴァンニ・ベッリーニの有名な《ドージェ、レオナルド・ロレダンの肖像》（㉖）でも、カルパッチョによる肖像画（㉗）でも、ドージェが纏う錦のガウンの胸元に、数珠つなぎになったポマンダーが連なってぶら下がっている。フィレンツェの有力なストロッツィ家の二歳の娘を描いたティツィアーノによる《クラリッサ・ストロッツィの肖像》は、第2章で見たブロンズィーノによる《ジョヴァンニ・デ・メディチの肖像》とならぶ子供の肖像画の最初期のものであるが、ルビーとエメラルドだろうか、赤と青の宝石をはめたペンダントヘッドのついた豪華な真珠の首飾りとブレスレットを身につけている。また小さな色石をちりばめた金の腰紐にはやはり宝石で飾られた金のポマンダーがぶら下がっている（㉘）。老若男女や階級を問わずポマンダーは広く用いられたが、富裕層のポマンダーはこのように宝石の力

㉘ ティツィアーノ《クラリッサ・ストロッツィの肖像》1542年　ベルリン絵画館

も動員するものとなっている。ヨーロッパで最初に言及されるポマンダーは一一七四年にフェデリーコ・バルバロッサ(フリードリッヒ一世)にエルサレム王ボードゥアン四世が贈った物だそうだ。[38] ポマンダーの流行は、オリエントとの接触によって始まったのかもしれない。

ところで、効くのは良い匂いばかりではない。タマネギやリーク(ポロネギ)を含むニンニクの仲間アリウム(allium)は皆硫黄分の強いオイルを含むために強烈な臭いを放ち、それゆえに吸血鬼や悪霊や災いを避けるとされた。また、馬勒(ばろく)に結わえると競争に勝てると信じられた。古代エジプトでもよく使われたニンニクは、強い抗菌作用を持つ抗生剤の自然の代用品である。[39] 第2章で殺虫剤としてのコーレーグスに触れたが、あるイタリア人留学生からニンニクをみじん切りにして水に浸し、それを植物の害虫退治に使うと聞いた。

ホメロスの『オデュッセイア』では、アイアイエー島の魔女キルケーはオデュッセウスの従者たちを魔法の飲み物で豚に変えてしまうが(そこに使われていたのはヒヨスチアミンという毒物を含むナス科のヒヨスだと言われている)、後から魔女の館に辿り着こうとするオデュッセウスにヘルメスがモーリュという薬草を与え、それを魔法の液体に入れることで、彼は豚に変身することを免れた(X・302-306)㉙。「黒い根を持ち花は乳のように白い、人間には引き抜くのが困難だ」というその薬草を、ニンニクであると同定したのはテオフラストスであった。[40] ディオスコリデスは、それはハルマラ(harmala = *Peganum harmaia*)であると言っている(III・46)㉚。ヘンルーダ(英語でルー)に似ていることからシリアン・ルーとも呼ばれるハルマラは、ハルマリンやハルミンという催幻覚作用を引き起こす物質を含んでいる。モーリュはまた、中東地域の野生のニンニクである黒ニンニク（*Allium nigrum*）と同定されることもある。分類学の父と称されるリンネは黄ニンニクに *Allium moly*（アリウム・モリー）というこの神話に因んだ学名を与えた。近年では、ガランタミンという記憶障害などに効く成分をもつスノードロップ（㉛）ではないかとも言われているそうだ。(41) モーリュは『ハリー・ポッター』のゲーム版にも魔法を解く植物として登場する。

オーデコロンも、もともとは香水ではなく、薬の類であったといわれている。イタリア・ピエモンテ出身のジョヴァンニ・パオロ・フォミニスという人が薬草をアルコールに漬けた飲料を一六〇〇年頃考案し、それはアクア・ミラビリス（aqua mirabilis）、すなわち「奇跡の水」と呼ばれていた。どのような薬草が使われていたかについては様々な説があるが、今でも飲まれているアックワヴィーテなどの強い蒸留酒などと似たものだった。これが果たしてペスト治療のためにも使われたかどうかは定かではない。しかし少なく

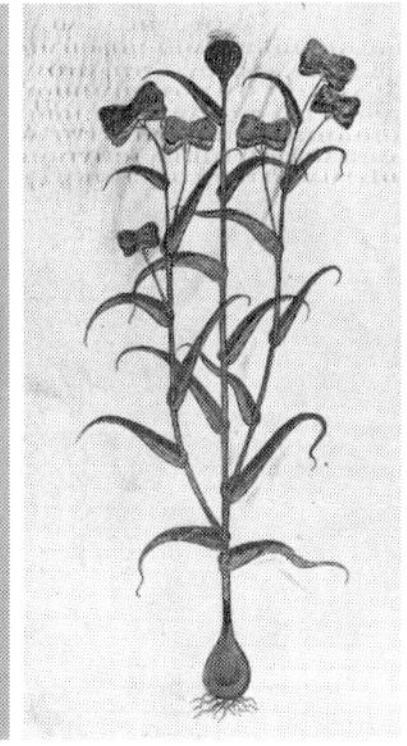

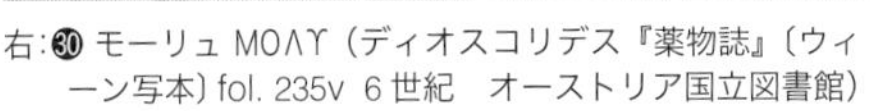

右：㉚ モーリュ ΜΟΛΥ（ディオスコリデス『薬物誌』〔ウィーン写本〕fol. 235v　6世紀　オーストリア国立図書館）

左：㉛ 白い花をつけるスノードロップ

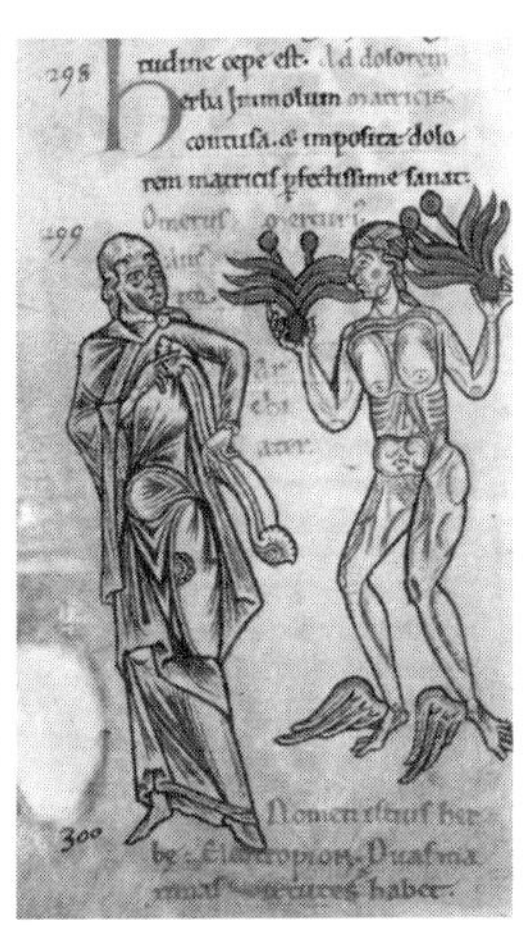

㉙ モーリュをホメロスに授けるヘルメス
（*Tractatus medici de virtutibus herbarum* fol.33v.
1300年頃　大英図書館 Harley MS1585）

とも治癒的・防腐的効果を期待された感染症に対する薬であったことは確かだ。行商人であったフォミニスがピエモンテからからドイツに移住したことで、これはアックワ・ディ・コローニア、すなわち「ケルンの水」とも呼ばれるようになった。一七二七年にやはりイタリア人のジョヴァンニ・マリア・ファリーナという人が（フォミニスの親戚と言い伝えられる）フォミニスからレシピを受け継いだと言われ、この頃には、飲み物ではなく臭い消しとして使われるようになった(42)。やがて、衛生状況が良くなったころには、臭い消しではなく、植物のエッセンスを混ぜたより軽いアルコール濃度の液体となり、優雅な香水として使われるようになった。そして、アックワ・ディ・コローニアがフランスにもたらされたことで、フランス語の「ケルンの水」すなわちオーデコロンという名になったのである（ファリーナ自身もフランスではジャン・マリー・ファリーナとして知られている）。

紅茶のアールグレーに入っているカラブリアなど南イタリア産のベルガモット（㉜）という柑橘類は、その実を食べることはせずもっぱら精油として使われたが、ファリーナが調合したオリジナルのオーデコロンにもベルガモットが一六七二年から一七〇八年の間に導入された(43)。会社がベルガモットを購入したという記録は一七一四年から残っている。ベルガモットにはリラックス作用があり、緊張

㉜ベルガモット

㉝アクア・ミラビリスのスプレー缶

や不安を和らげるだけでなく、抗菌・抗ウィルス作用、消化促進効果もあるという。

新型コロナウィルス感染が世界に広がった最初期は消毒用アルコールの確保が大変であった日本でも（沖縄ではアルコール不足を解消すべく泡盛製造所が消毒用泡盛を作った）次第に供給が安定し、人々は香りのよいラベンダーのような植物エッセンス入りの、より肌に優しい消毒スプレーなどを求めるようになった。フォミニスの出身地のピエモンテ州サンタ・マリア・マッジョーレという村の香水博物館では、かつての消毒薬としてのアクア・ミラビリスを復活させ、スプレー缶として売っている（㉝）。

サルデーニャ島のお針子の物語では、バッグの中に入れる「芳香塩」について触れられている。[44]これは失神した人の意識を回復させるため、またボクサーなどスポーツ選手の集中力を高めるために嗅がせる、刺激臭がある炭酸アンモニウムを含む気付け薬のことだ。英語でも smelling salt（嗅ぎ塩）などと呼ばれるように、炭酸アンモニウムは結晶の形態をしているが、とくにヴィクトリア朝のイギリスなどではよく使われ、香水とともにエタノールや酢に溶かしてスポンジに含ませ容器に入れて持ち歩いたことが知られている。

❻ 魔女のリキュール

ナポリ近くのベネヴェントに「ストレーガ（魔女）」という名のリキュールがある（㉞）。ミントやウイキョウなど七〇のハーブが入ったオーク樽で寝かせた食後酒で、

㉞ ベネヴェントのリキュール、ストレーガ

黄色い色はサフランの色だ。一八六〇年にベネヴェントの地にバールを持っていたジュゼッペ・アルベルティという人が、魔女の地として有名なベネヴェントに古くから伝わる伝説に基づいて、このリキュールを作った。昔からこのリキュール味のヌガー（トッローネ）も有名だったが、今ではキャンディやチョコレート、ジェラートなども展開する。ベネヴェントには魔法のクルミの木があり、そこに世界中から最も美しい二〇〇〇人を超える魔女たちが集まり、カップルが一生添い遂げるようになる妙薬を作った、というのが「ストレーガ」社ヴァージョンの伝説である。[45]

このリキュールは、有名な小説『ゴッドファーザー』（我々にとっては映画の方が馴染みがあるが）やヘミングウエイの『日はまた昇る』にも登場し、二〇〇〇年の映画『ベニスで恋して』にも出て来るそうだ。一九四七年には当時の会社の所有者グイド・アルベルティが創設した「ストレーガ賞」という文学賞もイタリア全国で知られている。

ベネヴェントはもともとランゴバルド族の地で、もとはマレヴェントゥムと呼ばれていた。ランゴバルド族はキリスト教化する前はオーディンの神を信じており、サバト川のそばにあるクルミの大木の周りに集まって異教の儀式を行っていた。しかしビザンティン帝国との戦いにおいて教会の支援を必要としたランゴバルドの公爵ロムアルドはランゴバルド族すべてがキリスト教に改宗することを受け入れた。ただし人々はそののちも異教の儀式を続け、それがキリスト教徒たちの目には悪魔のサバトと映った。

サムニウム人が住んでいた地域、カンパーニア地方北東部やアブルッツォ南部には今でもヤナーラという存在について語り継がれている。この言葉はディアナーラ、すなわちディアーナの巫女（女司祭）に由来するのではないかと言われている。[46] 魔女の伝説はランゴバルド族たちの儀式の記憶だけではなく、古代のディアーナ信仰の名残とも結びついているのだ。ヤナーラたちは昼間は普通の女と見分けがつかないが、夜になると厩に忍び入って雌ロバや雌馬を盗み、それに乗って夜の空を飛んで魔法のクルミの木に集まったという。彼女たちはその動物のたてがみを三つ編みに結って痕跡を残した。魔女と言えば箒に乗るというのが定番だが、ヤナーラたちと箒の関係は別である。彼女たちは扉の下を通り抜け家に忍び込むが（ヤナーラという名が扉という意味のラテン語ヤヌアに基づくかもしれないという別の説を裏付ける）、それを防ぐためにはモロコシの箒（35）を扉の前においておく必要があった。そうすると彼女たちはモロコシの枝を一本一本数えなければならず、そうしているうちに夜が明けて、普通の女の姿に戻ってしまうのであった。ウイキョウのところで、ベナンダンテの敵であるストレゴーネたちが持つモロコシの枝に触れた。ベナンダンテは北イタリアでもほとんどオーストリア近くのフリウーリ地方に残っていた民間信仰であり、南イタリアのベネヴェントとは離れた地域ではあるが、ストレゴーネとモロコシのつながりは、箒と魔女（ヤナーラ）のつながりと関係するのかもしれないと想像させる。[47]

子供が不具になったり、窒息させられたり、赤ん坊が揺かごの中で死ぬなどの現象は子供をこの上なく憎むヤナーラの仕業であるとされた。彼女たちはまた不妊や流産などの原因ともされた。ヤナー

35 モロコシの箒

ラたちから身を守るべく、どの家も塩や邪視避けのまじないなどに頼ったという。ヤナーラたちが空の飛行のために唱えたというまじないの言葉が残っている。これによるとヤナーラたちは彼女らが作る軟膏の力で空を飛ぶらしい。

軟膏よ、軟膏
私をベネヴェントのクルミの木に連れていってくれ
水の上、風の上、
どんな悪天候も超えて(48)

いまや魔女は恐ろしい存在ではなく、より親しみのあるキャラクターとして、古いところでは『奥様は魔女』などテレビドラマの主人公となり、日本でも『魔女の宅急便』といった小説やアニメなどが作られた。薬草と魔女の関係は万人の知るところであり、魔女の名前のついた薬草酒は他にもある(モデナ近くの会社の作る「魔女のクルミ酒 nocino delle streghe」や、トレンティーノ地方のグラッパにアルプスの植物の芽で赤い色をつけた「魔女の血 sangue delle streghe」)が、一八六〇年にリキュール「ストレーガ」を作り多角的に展開するアルベルティには先見の明があったのだろう。

7 チマルータ

先にもしばしば触れたヘンルーダ（*Ruta graveolens*）という薬草がある。ミカン科の常緑低木であるヘンルーダはディオスコリデスの『薬物誌』第三巻でも万能薬として知られている。『サレルノ養生訓』でもテリアカと並んで、致命的な毒にたいする解毒剤とされている（第10章）。また視力を良くし、男性の性欲は抑えるが、女性の性欲を増大させつつ純潔は守らせ、叡知の力を与え抜け目なさを植え付ける、という。さらには、煮て用いるとノミの害から住居を守る、と書かれている（第60章）。ヒポクラテスの著作では、ヘンルーダは刺激性が強く、身体の各部（婦人科系では膣や子宮）への浄化作用があると言われている。[49] 古くから蛇に咬まれたとき、サソリに刺されたときの解毒剤であり、そうした事態から身を守るために身につけられた。またヘンルーダの枝は聖別され、祓魔式で用いられた。[50] 中世から羊毛を黄色く染める染料としても使われ、また実からは細密画に使う緑色が作られたという。[51] 東欧では、とくにその花の形が十字架を連想させることから、キリスト教の救いとも結び付けられた（㊱）。おそらく日曜のミサに先立って聖水をヘンルーダの枝の房で撒いたことから、英語では「herb of grace（恩恵の薬草）」と呼ばれるようになった。[52]

㊱ ヘンルーダの花

㊲ チマルータ（ロンドン、科学博物館）

イタリアではルータと言われているこの植物の枝を象った護符はチマルータ（cima は枝先の意味）と呼ばれる。逆さになった枝先のそれぞれに、異なる護符がついたいわば護符の複合体である（㊲）。先端につけられる護符はたいていい鳥、花、鍵、心臓、笏または笛を持つ手、三日月、蛇、貝殻、魚、三つ葉、有翼の人間である。護符の数は様々だが常に奇数である。豪華なチマルータの場合には珊瑚や貴石、青か赤のガラスが付くこともある[53]。ヴィクトリア朝イングランドの学者で『邪視』の著者エルワージによれば、チマルータはとくにナポリで邪視を防ぐものと考えられているそうだ。常にディアーナの金属である銀で作られており、必ずついている三日月や鍵などもディアーナのシンボルであることからディアーナ信仰との関わりが指摘されている[54]。三日月は女性性のシンボルであり、笏や笛はそれに対する明らかなファリック・シンボル（男根象徴）である[55]。第7章でも述べるように、魚もまた生殖に関係するシンボルである。チマルータもまた、そもそも強い治癒力を持つ薬草であるヘンルーダに数多くの護符を加えることによって強力な魔除けにしたものだ。ゲームの世界で、すでに強いヒーローに目一杯のアイテムを持たせるようなものだろう。あるいは千手観音が千の手に持物を持っているようなものだろうか。

ところで、ヘンルーダによく似たコヘンルーダ（*Ruta chalepensis*）と呼ばれる薬草がある。これはヘンルーダと同じヘンルーダ属の仲間だが、ユーラシア大陸だけではなくアフリカにも生え、イタリアではアレッポのルータとも呼ばれる（㊳）。強い匂いを持っており、やはり虫除けや炎症や熱に効くという。実はこの植物は沖縄の北部山原（ヤンバル）地方に自生しているのだそうだ。かつて沖縄県外の方に「沖縄にコヘンルーダという薬草があって、泡盛などに漬けるというが知っているか」と聞かれて答えられなかったのが、ヘンルーダについて調べていく中で何年も経ってから解明したという訳だ。沖縄方言では万能で医者いらずということから「イシャナカシクサ（医者泣かせ草）」と呼ばれている。コヘンルーダのお茶があるというので早速取り寄せてみた（㊴）。お茶にすると匂いも味もマイルドである。風邪、神経痛、リウマチ、解毒に効くとある。「昔から沖縄本島に生息した薬草」とあるが、この草が沖縄にもともと自生していたのか、ある時点で外からもたらされた外来のものなのかまではわからなかった。ヘンルーダをグラッパなどのリキュールに香りづけとして漬けたものはイタリアでも作っているが（㊵）、流産の危険があるので妊婦は飲まないなどの注意が必要なようである。

8 薬草と帝国主義・薬草とフェミニズム

ヘンルーダが堕胎薬としても使われたように、薬草の中には避妊や堕胎のために使われたものも多くある。今では私たちは、西洋には魔女だけではなく男性の魔術師たちも存在したことを知っている。女性

㊳ コヘンルーダ

㊴ コヘンルーダ茶

㊵ ヘンルーダのグラッパ

だけではなく男性の魔術師も薬草の知識の持ち主であり、民間的な治療を人々に施していただろう。しかし、近世の始まりに魔女狩りに遭い、異端審問で断罪された者のほとんどは女性であった。キリスト教の女性蔑視が背景にあるのはもちろんであるが、彼ら（彼女ら）が施す治療の中に不妊治療や堕胎、避妊などがあり、彼らの多くが助産師であったことが問題であった。魔女はしばしば男性を不能にしたかどで訴えられもした。生殖に関わる治療は神の領域の侵犯であるということ以上に、女性が自分自身の身体や生殖をコントロールできるということを教会はもっとも恐れたために[56]、特に女性の民間治療者や産婆たちは魔女の烙印を押されてしまったのである。

魔女たちは往々にして、垂れた乳房を持つ醜い老婆の姿で表された。そこには生殖の機能を失った女性への嫌悪があり、生命と救済を象徴する聖母マリアの乳房と対比させられた[57]。そうした年老いた女性へのネガティヴな感情は、たとえばペストの擬人像の中にも見られる。様々な悪徳が女性の擬人像で表されるのは、個々の悪徳の抽象的な概念がラテン語から派生した言語では女性形で表されるからでもある。ペストという言葉もロマンス諸語では女性形である。しかし、たとえば初期

上：㊶ 小さな男性の姿で表される病気（『シュトゥットガルト詩篇』6 篇第 3 節　fol.6r. シュトゥットガルト、ヴュルテンベルク州立図書館）
下：㊷ ジョヴァンニ・ディ・パオロ《ペストの寓意》1437 年頃　ベルリン工芸美術館

中世には病気は小さな男性の姿で[58]（㊶）、また中世盛期には一般的にペストは全身が黒い姿の、あるいは骸骨姿の「死」で（死という言葉が女性形であるのにもかかわらず性別はわからない）表された（㊷）。それとは異なり、十六世紀末に著されたチェーザレ・リーパの寓意図像集『イコノロジア』では「ペスト」が、黄褐色の肌で恐怖のために青ざめ四肢を剥き出し汚い乳房を露にした女性として表現されている。同じ『イコノロジア』の「異端」の挿絵は、「ペスト」の描写と類似する、ほとんど裸体で垂れ下がりしぼんだ乳房を持った姿である（㊸）。「異端」の女性擬人像やペストの犠牲者である女性像などと融合しながら、十七世紀後半の公式ペスト図像には、共同体を危機に陥れるペストとその原因（罪）の象徴としての「ペスト」の女性擬人像が現れると新保淳乃氏は指摘し、「イタリア半島全域で、垂れ下がった乳房の老婆、すなわち『ペスト』擬人像が聖人や聖母に駆逐される図像例を確認できる」と言う[59]（㊹）。魔女狩りが猖獗を極めた近世に、「ペスト」像もまた女性で、しかも年老いた魔女を思わせる姿で登場することは偶然ではあるまい。

右：㊸《異端》（チェーザレ・リーパ『イコノロジア』1611 年）
左：㊹ サン・マルティーノ修道院に入ろうとするペストの前に立ちはだかる聖マルティヌス（ミッコ・スパダーロ《1656 年のペストからの守護への感謝》部分　1657 年　ナポリ、サン・マルティーノ美術館）

植物の話に戻ろう。新世界からもたらされた植物の中にも薬草の効果を持つものがあった。唐辛子もその一つだ。しかし堕胎薬として現地の人々には知られていたのに、ヨーロッパにもたらされた時には、その堕胎薬としての効能があえて伝えられなかった例がある。それがオウコチョウ（黄胡蝶、*Caesalpinia pulcherrima*）である（㊺）。西インド諸島やメキシコが原産のこの花は、熱帯性の常緑小高木で、鮮やかな赤橙で黄色の縁取りのある花をつける。沖縄には南米大陸原産の木が多く導入されているが、そのうちの一つでもある。

日本では蝶のイメージからつけられた名前だが、ギアナのヨーロッパ人たちからは「フロス・パウォーニス flos pavonis」（孔雀の花）と呼ばれていたこの木のヨーロッパへの導入に関して、次のような話がある。ドイツの自然学者で画家でもあるマリア・シビラ・メリアンはオランダ領ギアナ（現スリナム共和国）に一六九九年に昆虫や植物の調査のために赴く。そして五年間の調査ののちにその成果を本

㊺ オウコチョウ

にするが、その中で彼女は現地のアフリカの奴隷やインディオたちが堕胎薬として用いていたこのフロス・パウォーニスについて書いている。宗主国オランダの主人たちから残虐な扱いを受けていた黒人奴隷たちは、自分たちの子供が同じ運命を辿らないようにとフロス・パウォーニスの種を飲んで堕胎をしていたのだ、と。しかし十八世紀の重商主義のもとで人口増大が望まれていたヨーロッパにおいて、この植物の堕胎薬としての性質は伝えられなかった。ここには、植民地支配の問題と同時に、性と生殖について個々人の健康や権利よりも国家の経済的利益が優先される近代国家の問題とが浮き彫りにされている(60)。

この花については美術家の百瀬文(ももせあや)氏の《Flos Pavonis》という映像作品で知った（㊻）。氏はコロナ禍の二〇二〇年十月にポーランドでほぼすべての中絶が禁止されたことを知り、国家による自

㊻ 百瀬文《Flos Pavonis》
2021/single channel video/31 min.

身の体と性の管理に抵抗する日本とポーランドの二人の女性の対話を綴るこの作品を制作した。そして、カリブ海からヨーロッパに渡り、堕胎薬という性質が隠蔽されたまま、美しい観賞木として受け入れられたフロス・パウォーニスを、そのタイトルに選んだのである。

この花にはそれが伝わった東南アジアの島々のそれぞれの土地で、花の美しさを称える名前がつけられていたが、十七世紀にフランス人トゥルヌフォールがつけた *Poinciana pulcherrima*（ポインキアーナ・プルケッリマ）という名が十八世紀にリンネよって学名として採用された。ポインキアーナはこの植物を熱冷ましに使ったという、十七世紀にフランス領アンティル諸島の総督であった聖ヨハネ騎士団のポワンシーの名にちなんでいる。[61] カリブにおけるフランス領の植民地支配を称揚するこの名前は私たちに、「命名」にも現れる植民地主義を教えてくれるのである。

第5章

目の力

目の力

二〇二二年、五月二十二日に開業から十年目を迎えた東京スカイツリーの頂上で、市川海老蔵が「にらみ」を披露した。祝賀の席や襲名の席で行われる市川團十郎家「成田屋」に伝わるこの演技を見た人は、一年間無病息災で過ごせると伝えられており、今でも邪気落としや厄払いの力があると信じられているという。その時の口上は「世界の平和、コロナの収束、様々な困難に立ち向かう方々の災いを払う願いを込めまして、武蔵の地、六三四メートルより、日本津々浦々に至るまで、市川家の家の芸、にらみをご覧いただきます」というものだった。天の高みからの睨みは、果たして功を奏しただろうか。

目力（めぢから）という言葉がある。この言葉が使われ始めたのは比較的新しい。物事の真贋や善悪を見分ける力であるいわゆる「眼力」とは違い、強い印象やオーラを感じさせる目のことを指すようだ。ウィキペディアでは『目の表情や視線が相手に与える印象のことである』となっている。深田恭子を起用した二〇〇一年のコーセー化粧品のマスカラのコマーシャルの中の「目ヂカラ、さらに超アップ」というキャッチ・コピーで使われたのがどうも最初らしい。「目は口ほどにものを言う」「目は心の鏡である」は孟子に由来するが、洋の東西を問わず目は人間の心や精神を映し出すものと考えられてきた。そしてその視線には他者に対して強いを及ぼす力があると考えられてきた。『邪視』の著者エルワージは、次のように言っている。「古代の人々はすべて、妬みや怒りを抱いた人の目から投射された何か敵意に満ちた影響力が大気を汚染し、生ある物も生なき物もその体を貫き損なうと堅く信じていた。(1)」キケローによれば、人を惑わし魅了する感情 fascinatio は invidere「必要以上につくづくと見る」という意味で、ここからinvidia「嫉妬」という言葉が生まれた（キケロ『トゥスクルム荘対談集』III・9・21-26）。強い妬みを抱いて何かを必要以上に凝視することが、とりあえずは「邪視」であると言えよう。

視線で他の生き物を殺すことのできるバジリスクという怪物がいるが、メドゥーサも同じようにその強烈な視線で見るものを石に変えてしまうという、きわめて恐ろしい怪物であった。まずはメドゥーサについてみてみよう。

1 メドゥーサ

第2章ではメドゥーサの首から流れた血から赤い珊瑚が生まれたという神話について見たが、実は紅珊瑚だけではなくその恐ろしいメドゥーサの頭部そのものが魔除けとなるのである。

メドゥーサはヴァザーリの絵では醜い恐ろしい顔で描かれているが（❶）、もとは豊かな髪をなびかせる美女だった。しかし海神ポセイドンに迫られて女神アテナの神殿で交わったことに激怒したアテナによって、髪の毛は蛇に変えられ、その目を見たものは石に変わってしまうという恐ろしい怪物に変えられてしまったのだった。そのような訳でメドゥーサは美しい顔でも醜い顔でも描かれるのである。ベンヴェヌート・チェッリーニ作のペルセウス像では、メドゥーサの顔は

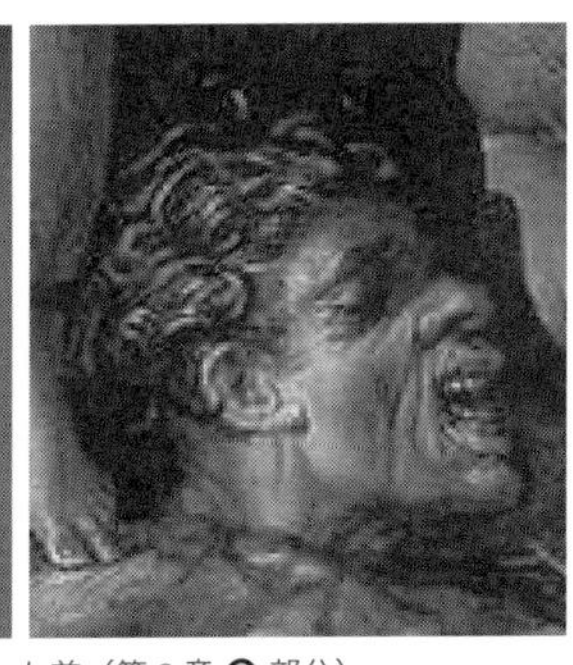

右：❶ メドゥーサの切り取られた首（第2章 ❾ 部分）
左：❷ メドゥーサの首（ベンヴェヌート・チェッリーニ《ペルセウスとメドゥーサ》1545年　フィレンツェ、ロッジャ・デイ・ランツィ）

なかなかの美しさである（❷）。しかしたとえばエトルリアのテラコッタのメドゥーサはコミカルとも言える顔をしている（❸）。こうしたメドゥーサの頭部を象ったものは建造物の軒瓦の先に付けられるアンテフィックスという部材で、ちょうど鬼瓦のような魔除けの役割を担った。メドゥーサのこの表情（歪んで開いた口、長く垂れ下がる舌、大きく見開かれて飛び出した目）は、剣で首を切断される苦しみを描いたものだと言われるが[2]、こうした誇張された描き方はユーモラスにも見えてしまう。沖縄のシーサーを「恐ろしい顔」と認識する人もいれば、「面白い顔」と見る人がいるのと同様だろう。恐ろしいメドゥーサの頭部を描く絵や彫刻はゴルゴネイオンとよばれ、ギリシャやローマ時代のモザイク、焼き物、指輪などの宝飾品にも、またコインにも魔除けとして描かれ、護符として多く用いられた（❹）。

ペルセウスが女神アテナに持ち帰ったメドゥーサの首は、アテナによってアイギスに取りつけられた。アイギスというのは盾と解釈されることも多いが（❺）、古代の多くのアテナ像に見られるように、最初は胸当て、あるいは肩当てであったと解釈されている（❻）。ポンペイ遺跡から出土した「アレクサンドロス大王とペルシャのダリウス三世との

❹メドゥーサの首が 刻まれた古代のコイン

❸ メドゥーサのアンテフィックス　テラコッタ　ローマ、ヴィッラ・ジュリア国立博物館

イッソスの戦い」を描く有名な床モザイク画でも、アレクサンドロス大王の胸に、メドゥーサの首がつけられている（❼）。

ちなみに、日本の海上自衛隊も八隻所有しているというイージス艦のイージスはアイギスの英語読みである。イージス艦とは、同時に多数飛来する航空機や対艦ミサイルから艦隊を守る防空戦闘用の艦載武器システムであるイージス・システムを搭載する艦船のことだ。メドゥーサの首のついたアテナ神のアイギスに比肩する、このうえなく強力な盾ということである。

❷ スカルテッラートあるいはゴッボ

しかし人々が恐れる「邪視」は、必ずしも強烈な魔力を持った者だけが使ったわけではない。何気なく投げられた視線もまた、災厄をもたらすとも考えられた。もちろん恨みや妬みに満ちた視線を意図的に投げることによっても相手に災いをもたらすこともできた。そうした日常的に放たれる邪視から逃れるために人々が頼る、第4章でみたナポリのお祓い師は、ゴッボ（gobbo）、あるいはスカルテッラート（scartellato）と呼ばれる背中に瘤のある人物を模した、魔除けの人形と同じ格好をしてい

右：❺ 盾としてのアイギスを持つアテナ（《ベレロフォン、ペガサスとアテナ》部分　ポンペイ、ディオスクロイの家　1世紀前半）
中：❻ 胸当てとしてのアイギスをつけたアテナ　ローマ時代のコピー　ナポリ国立考古学博物館
左：❼《イッソスの戦い》部分　ポンペイ、ファウヌスの家出土　前100年頃　ナポリ国立考古学博物館

る。黒い山高帽に黒い燕尾服、赤い蝶ネクタイという姿である。護符のコルノあるいは小さなコルノであるコルニチェッロにはゴッボの上半身とコルニチェッロを合体させた形のものもある（❽）。映画『目、邪視、ウイキョウ、パセリ』で、主人公が前を横切る黒猫を見て、車の中で思わず握ったのも、このタイプの魔除けだ。

なぜナポリのお祓い師はこのような格好をしているのだろうか。山高帽や燕尾服の由来はわからないが、背中に瘤がある人は、古代ギリシャ時代から災厄を退散させる力があると信じられていたようだ。ゴッボはイタリア語だが、スカルテッラートの方はギリシャ語で籠を意味する言葉に由来するという。ナポリはネアポリスと呼ばれたギリシャの植民地で、ギリシャの文化が色濃く残る街である。籠を意味する言葉カルトス（kartos）を含むスカルテッラートは、そもそもは頭の上に籠を乗せて運ぶ人を意味した。それが、籠の重みで体を丸める人、つまり背中に瘤のある人を意味するようになったらしい[3]。第1章で見たように、コルヌコピアはその空洞に溢れんばかりの果物や花などが詰め込まれている。同様に腰が曲がるほどたくさんのものを詰めた籠は神々への奉納品や、神々からの恵みだった。よく知られている

右：❽ スカルテッラート（ゴッボ）の形のコルニチェッロ
中：❾ アクロポリス（エレクテイオン）のカリアティード
前420年頃　ロンドン、大英博物館
左：❿ 馬蹄を持つゴッボ（トンボラの57）

アテネのアクロポリスのカリアティード（女人像柱）は、曲がった背中を持っていないが、頭に籠を乗せ女神アテナに奉納品を運ぶ乙女たちの姿を表している（❾）。人々は、背を丸めて重たい神々への奉納や神々からの恩恵を運ぶ背中に瘤のある人を、幸運のシンボルとしてご利益を求めて触ったのである。この習慣は中世にはすでにあったといい、今なお続くナポリ特有の伝統となった。このいでたちの人物像は、南イタリアでは宝くじロット（lotto）の番号を占う夢の本や、トンボラというビンゴに似た子供の遊びでは57という数に相当する。それほどこの人物は人々の生活にとって馴染みのある存在だったと言える。よく見ると手に魔除けの蹄鉄を持って描かれているものもある（❿）。また、コンメディア・デッラルテという十六世紀に起こった即興喜劇にも登場する道化役プルチネッラも時に背中に瘤を持つ姿で描かれる。

背中に瘤を持つ人物が幸運をもたらす存在であったことは、古代ローマや古代ギリシャの床モザイクにも表れている。この時代には家の中の床モザイクに、婚礼に関わる場面、そして宗教的な犠牲を表す場面などに混じって、災いを退けるまじないに関する図像が多く描かれた。

現トルコにある古代シリアの都市アンタキア出土のローマ時代のモザイクを見てみよう（⓫）。ギリシャ文字「ΚΑΙΣΥ」は「あなたにも」という意味で、あなたにもこうして邪視からの守護が授かりますようにという祈願の言葉だろう（あるいは「あなたにも」災厄は襲いかかりますよという警告だろうか）[4]。ここでは、目が「邪視」を表し、様々なものから攻撃を受けている。邪視を取り巻いて攻撃を加えているものを上から左回りに見ていこう。まずポセイドンが持っている三股の鉾、カラス、ネコ科の動物（これは豹だという説もあるが、小さいので山猫かもしれない）、ムカデ、犬、蛇、サソリ、そして最後に剣がある。よく似たものに、それぞれが一週間の曜日に相当する神を表す七つの動物などに、邪視が脅かされているとみなされる護符がある[5]（⓬）。モザイクに描かれている小さな人物は、精霊であるなど色々な説があるが、背中に瘤のある姿で描かれている。注目したいのは、この人の股間から後ろの方になびいている巨大な男性器が、他のものと同様に邪視を脅かしていることだ。同じ博物館にある紀元二世紀の別のモザイクにも、背中に瘤のある男性が描かれ、非常に大きな男性器を露出している。これらの瘤のある男性たちは触ると幸運になると言われたスカルテッラート同様に、災いを退けると信じられた存在だったのだろう。彼らの姿そのものが「邪視」の気を逸らすものだが、さらに彼らが持つ巨大な男性器もまた、幸運を呼ぶもの、あるいは邪を払うものと考えられていた。性的な意味合いを持つ魔除けは多く、ローマ時代にも男根の形の魔除けは多く作られた。これについては第7章で見ていきたい。

邪視とは多くの場合嫉妬に駆られた人間が投げかける視線であ

⓫「邪視の家」出土の床モザイク　ローマ時代　アンタキヤ、ハタイ考古学博物館

⓬ 七曜のアムレット

る。嫉妬深い視線を家の中に入れないように、たとえば嫉妬に悶えて木から落ちる小鳥たちを尻目に悠然と構えるフクロウの姿や⑬、猛獣に体を引き裂かれる「嫉妬」の擬人像などの形で「嫉妬は我が身を滅ぼす」という警告を表す床モザイクも家の入り口に多く作られた(6)。

3 目の形の護符

邪視がいろいろなものから攻撃され退治される図を見たが、邪視を抑え込むには邪視で返すのが一番ということだろう、目の形のお守りは多い。古い例としては古代エジプトのウジャトの目（ホルスの目）⑭がありエジプトにはその他にも目を象った護符が様々ある。ウジャトの目の由来は、叔父であるセト神との王位をめぐる戦いの中でホルス神が失った左目をトト／ハトホル神が魔術で治癒したという神話に基づいており、身につける小型のお守りとして人気があったそうだ。また死者が日の出を見ることができるように、棺の頭の部分の外側に一対のウジャトの目が装飾されたという(7)。

陶器にも目が描きこまれた。ギリシャのワイン用の浅い盃キュ

右：⑬ 嫉妬への警告を表す床モザイク（invidia rumpuntur aves neque noctua curat「小鳥たちは嫉妬に身を引き裂かれるが、フクロウは気にかけない」の銘） 3世紀　ティスドゥルス出土　チュニジア、エル・ジェム博物館
左：⑭《ウジャトの目を持つトト》 前7-4世紀　ボルティモア、ウォルターズ美術館

リックスにも目が描かれたものが多くある。内側にメドゥーサが描かれているものなどは、ワインに毒を盛られないための最強の魔除けと言えよう⑮。カルタゴから出土した吸い口のついた壺にも大きな目が二つ描かれており、おそらく魔除けのために描かれたと言われている[8]⑯。

また地中海では船に海難避けの護符として目を描く伝統もある。ギリシャ時代の陶器などに描かれた船にもそうした例が数多く見られる⑰が、現代でもイタリアやマルタ島などで使われる船には目が描かれる。マルタ島の目が描かれた伝統的な漁船はルッツと呼ばれる[9]⑱。

沖縄でも豊穣を祝う海の祭りなどで行われる競漕に使うハーリー舟などに目がついていることもある。舟自体が龍に見立てられているから、これはおそらく龍の目なのであろう[10]。また琉球王国時代の進貢船（しんこうせん）などにも目がついているが⑲、これについては諸説あるようだ。ギリシャ・ローマにつながる魔除けの意味があるという解釈もあれば[11]、沖縄の文学『おもろそうし』などに見られるように、船は隼や鷲などの猛禽類に例えられていたからだという説もある。造船場はスラ所と呼ばれていたが、それは「「スデ」すなわち「巣立ち」と関係する言葉であるという[12]。

馬場恵二氏は、古代から現代までのギリシャの癒しの民間信仰について調査するなかで、多くの目の形を象ったタマとよばれる一種の絵馬のようなものについて述べている。古代のものは石であったりテラコッタであったりするが、キリスト教の中にも残り、現在では薄い金属の板に身体の様々な部分を象った浮き彫りが施されたものが、キリスト教の聖堂の中にジャラジャラとぶらさげられているのである⑳。これはイタリアなど西欧世界ではエクス・ヴォート(ex voto)と呼ばれており、願いが叶っ

⑮ 目玉の描かれたキュリックス　前530-520年　ミュンヘン、州立古代博物館

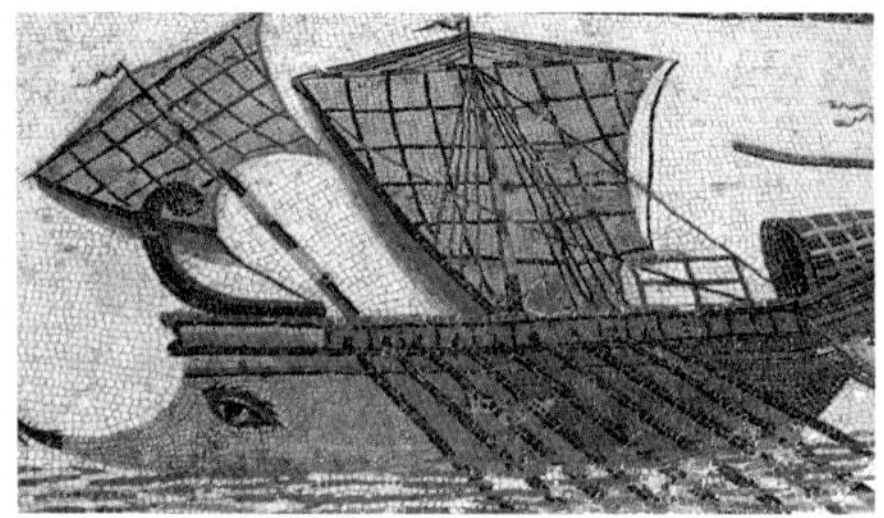

⑰ ローマ時代の三段櫂船　チュニス、バルドー博物館

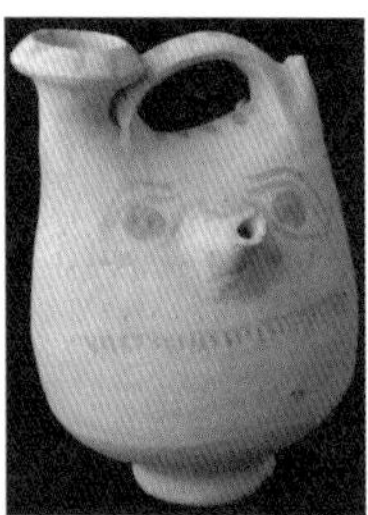

⑯ 哺乳瓶型容器　前3世紀　カルタゴ博物館

⑱ マルタのルッツ

⑲ 進貢船

⑳ エクス・ヴォート（ロレート、サントゥアリオ・デッラ・サンタ・カーザ、ポマランチョの部屋）

た後に奉納するものなので、厳密にはお守りとは呼べないが、目を象ったものがきわめて多いことから、人々がいかに目の機能の衰えに敏感であったか、いかに眼病の治癒を願ったかを推し量ることができる。薬草誌や鉱物誌にも眼病に効果があるとされるものが多く載っている。鉱物ではオパールの他、金緑石（クリソベリル）の変種である猫目石（キャッツアイ）や天眼石（アイアゲート）、虎眼石（タイガーアイ）など、人間や動物の目のように見える宝石や鉱物などがそうだ。また薬草ではヘンルーダなどが視覚を鋭くする植物として知られている。

古代ギリシャでは、病気平癒の願いが叶えられたことで医学の神に感謝するために、身体の部分を象った前述のタマのような奉納板だけではなく、より手の込んだ神の姿や、癒される場面を描く大理石の浮き彫りなどが作られた。その一つに、第二のアスクレピオスと信仰された医神アンフィアラオスにアルキノスという人が奉納した大理石の大きな奉納板がある。アンフィアラオスの姿や奉納者の姿は、夢見により神の癒しを得るためのお籠り堂らしき建物の中にいるが、奉納板の上側の縁でもあるその建造物の屋根の中央に、二つの目が彫刻されている[13]。そしてこれは、癒されるべき身体部位としての目ではなく、奉納板そのものを破壊・損傷から守るための魔除けとしてそこに施されているというのだ[14]（㉑）。邪視避けの護符として「目」がいかに頼られていたかを物語っていよう。

㉑《医神アンフィアラオスによる癒しに感謝するアルキノス奉納の浮き彫り》前370年頃　アテネ国立考古学博物館

護符が表す目がウジャトの目のように神のものであったり、聖人のものであるとなれば、さらにご利益が期待できる。サルデーニャやカンパーニア地方などではセイヨウハリサザエの貝の蓋をお守りにし、「サンタ・ルチアの目」と呼んでいる。聖ルチアは拷問で目を抉られて殉教したシラクーサ出身の聖女で、目を守り眼病の治癒してくれると信じられ、盲者や眼科医の守護聖女でもある。別名「ウェヌスの目」「聖母の目」とも呼ばれるこの二、三センチの大きさの貝の蓋はペンダントや指輪、耳飾りなどに加工され、身につけることで邪視を払い、偏頭痛にも効果があるという[15]（㉒）。先述のキャッツアイやタイガーアイのような石ももちろん魔除けとして使われる。

第１章で言及したフェルザン・オスペテク監督の『ベールに包まれたナポリ』（二〇一七）では、「目」がいたるところで重要な役割を持つ。主人公の女性の亡き父の形見の目の形のお守りを、一夜の情事を交わした青年が持ち去ってしまう。翌日の約束に現れなかった彼は、監察医である主人公の女性の前に、目を抉られた死体となって現れた。主人公はずっと後になって、そのお守りと再び出会うのだが、それはすでに死んでしまったはずの青年が幽霊となって落としていったものだと匂わせるミステリーの筋立てになっている。やや細めたように見える目を象ったそのお守りは、例えばハンブルク美術工芸博物館所蔵の

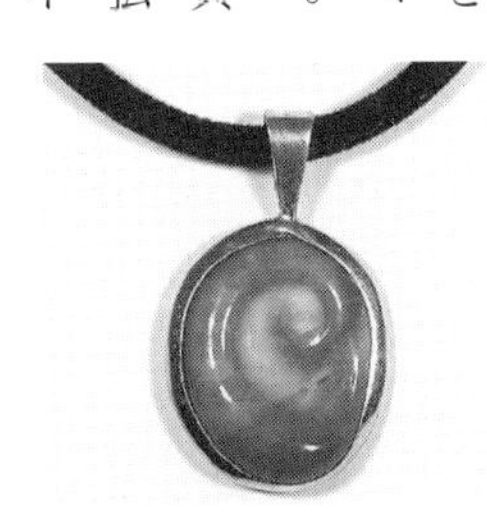
㉒ 聖ルチアの目

㉓ 目の形の護符　ミラノ製　1530年頃　ハンブルク美術工芸博物館

金線細工で装飾された金の円盤にリアルな見開いた目がはめ込まれているものなどがモデルになっているかもしれない[16]（㉓）。青年は暗黒組織の犯罪に関わっていたために殺されてしまったのだが、目を抉られるという殺され方なども含め、邪視がひときわ恐れられたナポリのイメージが監督にインスピレーションを与えたのであろうか。

4 ナザル・ボンジュウ

第2章で少し触れたように古代ローマ人にとって青色は蛮族の目や彼らの刺青を想起させる不吉な色であった。そのことと関係があるのかどうかはわからないが、パレスチナでは、邪視は薄青色の目をした男で特にひげのない男の持つ邪悪な力と考えられていたそうだ。この青い目の悪しき力から身を守るため、シリアの女性は「毒を以て毒を制す」方式で青いビーズを身につけた。髪の毛も青いリボンで縛ったり、髪にビーズを飾ったりしたという[17]。トルコでも、特に青い目をした人が投げる邪眼が恐れられ[18]、青いガラス製の目の玉を模したお守りナザル・ボンジュウ（nazar boncuğu）が使われる（㉔）。ナザルはもともとアラビア語で「見ること」ひいては「邪視」を意味し、ボンジュウ（トルコ語起源。複合語でなく単独で使われると

㉔ 代表的な形のナザル・ボンジュウ

㉕ さまざまな形態のナザル・ボンジュウ

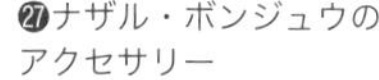

㉗ナザル・ボンジュウのアクセサリー

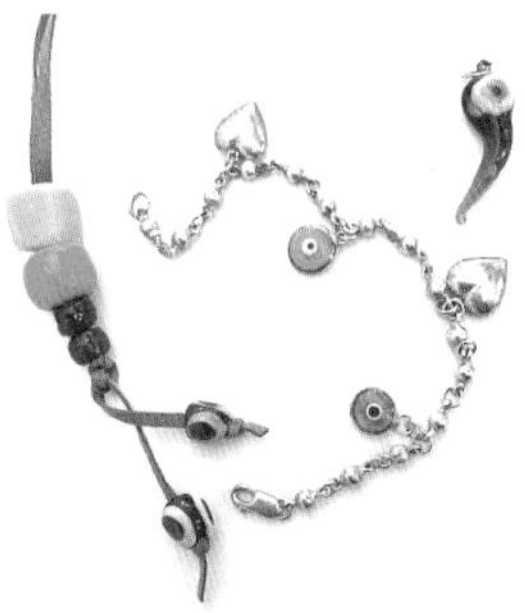

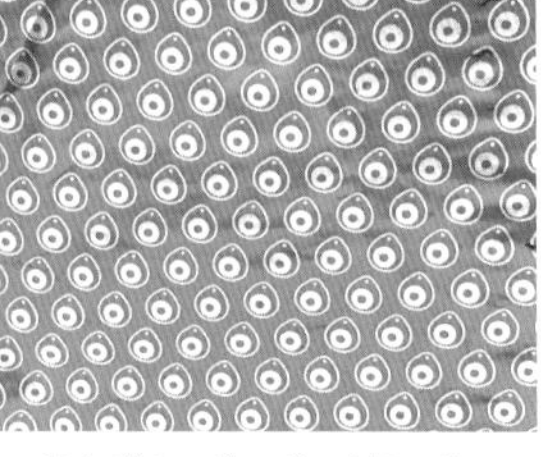

㉘ナザル・ボンジュウ柄の袋

㉖ トルコ料理店トルコロカンタ・ケレベッキの店内

きはボンジュク boncuk）はガラスのビーズや数珠のようなものを指す。[19] これは今やすっかり観光的お土産となってしまったかのようだが（㉕）、壁にかける大型のものから（㉖）、ピアスやブレスレットについている非常に小さいものまで（㉗）、様々なヴァリエーションがある（㉘）。二〇一八年には絵文字にも登録されたこのお守りだが、ここ十年ほどの間、しばしばトルコの宗教庁はその使用を禁じ、直近では二〇二一年にも禁じられている。[20] ナザル・ボンジュウのような護符は多神教的で異教的であり、アッラー以外のものに頼ってはいけないというのがその理由だ。長年トルコに通う人によると、その形態にも流行りすたりがあり、昔あった形のものを今求めても見つからないことも多いそうだ。現在では中国製の割合が大きくなってしまったナザル・ボンジュウだが、形態の変遷の原因の一つは、あるいはイスラーム寄りの現政権の影響によるイスラーム化にもあるのかもしれない。[21] ともあれ、鬼太郎の目玉親父も「カワイイ」と言われる昨今では、シンプルなデザインかつ見た目にも愛らしいナザル・ボンジュウは確かにアクセサリーとしても日常使いができてしまう。私もジュエリーケースの中で眠っていたトルコ土産でいただいたナザル・ボンジュウをいくつか引っ張り出してきた。また是非活用したいと思う。

第6章

結び目の魔力

結び目の魔力

次に結び目や編み目等による魔除けを見ていこう。これもまたユニバーサルで非常に多くの地域で見られるものだ。宗教的儀礼としての繋縛（縛りと結び）のモティーフは広く存在するが、その様態は多岐にわたり複雑である。物理的に実際に縛ったりほどいたりする行為も絆を結ぶこと、断つことを象徴する。[1]

鎖は囚われの状態の最もわかりやすい象徴であるが、第4章で触れた病気平癒の願いが叶えられたときなどに奉納するエクス・ヴォートの中には鎖を象ったものもある。捕虜の状態から救済された時に奉納するものだ。十七世紀にオスマントルコに捕らえられ捕虜となっていた人々をボローニャの同信会が身代金を払って救済したが、囚われていた人の名、解放された年と場所、身代金の金額の書かれた板に鎖がぶら下がるエクス・ヴォートが残っている（❶）。

縛ることはしばしば罪に結びつけられるが、一方で編んだり紡いだり織ったりする行為や、小枝細工、縄、籠、網、罠の製作も多くの文化で神聖なものと見なされる。例えばサルデーニャ島でも織物を女性に教えたのはヤナス（Janas ジャナスとも発音される）と呼ばれる精霊であった。ホピ族の伝説に登場する人間を作り出したと言わ

❶ 鎖型のエクスヴォート　ボローニャ、サン・ジロラモ・デッラ・チェルトーザ聖堂アンヌンツィアータ礼拝堂

れる蜘蛛女もまた、綿を紡ぎ編むことを人間に教えたとされるように、人間の文化的活動の中でも編む、織る、紡ぐということはきわめて重要である。シャーマンが病人の魂を投げ縄で捉えてその人の体にひきもどそうとしたり、漁師の網で死者を捉えようとしたり、太陽、月、雲や精霊を罠にかけたりするのは、未開民族の間ではよく見られる。(2)柳の枝を曲げた輪に糸を張って蜘蛛の巣に見立て、悪夢を捕らえ防いでくれるよう願った、アメリカ先住民のドリームキャッチャーもその一つだろう（❷）。

未開の民族の間では頻繁に縄や蔓や植物繊維などで作った結び目で罪を形に表そうとするが、(3)罪に人間を結びつける結び目は、それを断ち切ることで呪縛から逃れることができる。しかし、結び目を解くことは必ずしも罪からの解放だけを意味しない。例えば、フリギアの王ゴルディアスが、「この結び目を解いたものがアジアの王になるだろう」と予言して、荷車を柱に誰にもほどくことができないように堅牢に結びつけたという「ゴルディアスの結び目」は、数百年後その場所を訪れたアレクサンドロス大王によって剣で断ち切られる。固定観念に縛られない、他の人が思いつかなかったやり方で問題は解決されたのだ。もっとも結び目をほどくのではなく断ち切るというアレクサンドロス大王のやり方は、発想の転換による困難の打開とはいえ、い

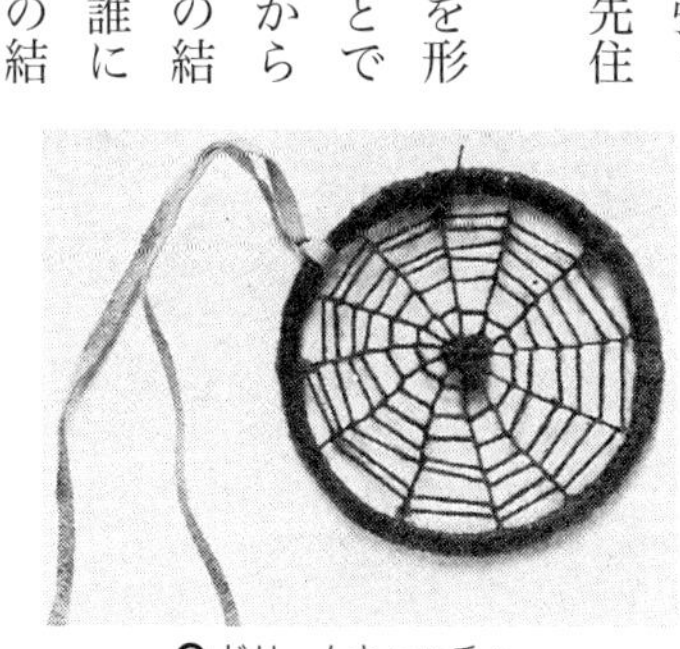

❷ドリームキャッチャー

ささか乱暴である。

❶ヘラクレスの結び目

第2章でも触れたように、古代ローマの花嫁は炎の色の上着を身につけたが、その下の足元まである白いチュニカには腰のところでくびれるように、羊毛のベルトを締めていた。そのベルトの結び目は「ヘラクレスの結び目（nodo erculeo）」（❸）と呼ばれた。花嫁を災難から守るものであったその結び目は、初夜に夫によってのみ解かれることができた(4)。このヘラクレスの結び目は、彼が退治したネメアの獅子の毛皮を首に巻く時に使っていた結び方だとされるが、花嫁に使われたのは、ヘラクレスが七〇人の子を設けたこととも関係があると言われている。この結び目は花嫁を災難から守ると同時に花嫁の多産を寿ぐものだったのだろう。

ところで、ナポリ近郊にはポンペイ同様にヴェスヴィオ火山の七九年の噴火で滅びた街エルコラーノがある。街の名（ラテン語ではヘルクラネウム）が示すように、この街は伝説上ではヘラクレスによって建設された。ポンペイはまず火山礫や灰に埋もれたが、エルコラーノは押し寄せた火山泥と溶岩流に呑み込まれた。私がナポリに留学していたときには、ポンペイと違ってエルコラーノの遺跡を訪れる観光客はあまりおらず、近所の子供たちがのどかに遺跡で遊んでいたが、今は立

❹ エルコラーノ考古学公園のロゴ

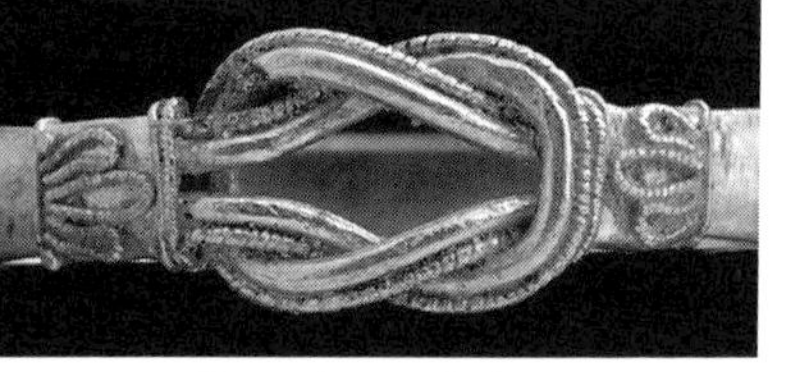
❸ ヘラクレスの結び目

派な考古学公園になっているようだ。その公園の新しいロゴが二〇二一年三月に決まった。それがヘラクレスの結び目である（❹）。

結び目や網目という言葉に「目」という語が入っているように、結び目の力は第5章で見た目の力にも関係している。日本伝統の籠目文様は竹などを編んでできる網目文様だが（❺）、その網目が作る隙間の集積が、たくさんの目のように見え、その目が悪霊を追い払ってくれると古来より信じられていた。

❷ イシスの結び目

古代エジプト新王朝期に強力な護符が登場した。神々の帯の結び目部分などに描かれる生命を表すシンボルであるティト（チェト）は、古くは「生命の結び目」と呼ばれ[5]、女神イシスと結びつけられるようになってからは「イシスの結び目」「イシスの腰紐」とも呼ばれるようになった（❻）。その形は腕の部分が下に下がっていることを除けば、同じく生命や生きることを表す「アンク」と非常によく似ている。『死者の書』一五六章にある呪文にはこの護符の使い方と効力が次のように書かれている。

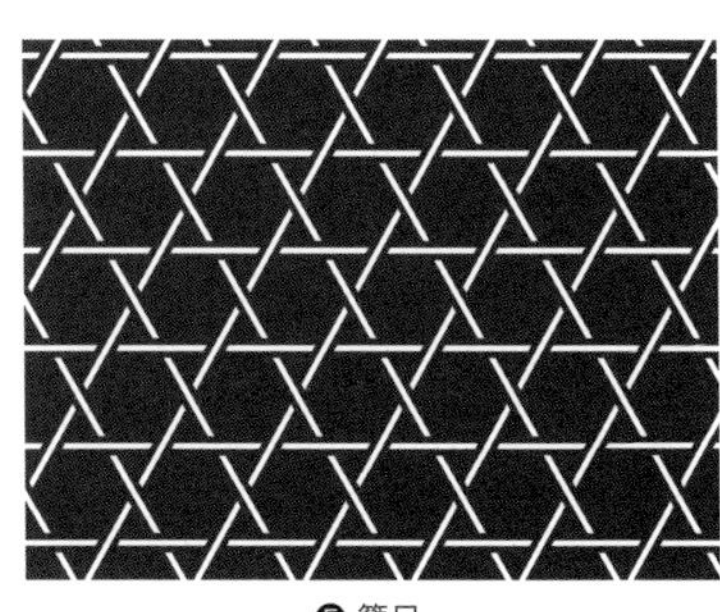

❺ 籠目

❻ ティト（イシスの結び目） ジャスパー製 前1550-1275年頃 ニューヨーク、メトロポリタン美術館

「生命を宿す」果実の汁で濡らし、シコモアイチジクの鞘皮で艶を出した紅玉髄の結び目の護符を埋葬の日に死者の首に置き、その上で呪文を唱える。このように呪文を唱えれば、イシス女神の力が死者の体を守り、イシス女神の息子ホルス神は、死者を見出し喜びに満ちる。道は隠されることなく現れ、その身体は、天と地に向く。真実の物、手のうちにある護符を人の目にさらしてはいけない。それに匹敵するものは他にないのだから。

紅玉髄の結び目の護符の呪文

イシスよ、あなたは血に満ち、
イシスよ、あなたは力を持つ、
イシスよ、あなたは魔力に満ちている、
護符はこの偉大な者に保護をもたらし、
何人も死者に害を及ぼすことは叶わない(6)。

この護符はイシスの夫であるオシリス神信仰に結びついて、死者(オシリス)の魂があの世に到達するまでの旅路を保護するものであった。布の結び目を模したように見えるこの赤い護符は、イシスの月経の血を吸わせた布を表しているのではないかとも言われている(7)。材料として通常赤碧玉(レッドジャスパー)、紅玉髄(カーネリアン)、赤い斑岩や赤いガラス、赤いファイアンス焼、あるいはイシスの血のシンボルである赤いシカモア（エジプトイチジク）の木も用いられた。

石などを材料とした護符であった「イシスの結び目」は、衣服の結び目へと変わり、ローマ支配下のプトレマイオス王朝期には、肩にかけたマントのフリンジを胸元で結んだ姿のイシスの彫像や絵画が流行した(8)（❼）。さらにこの結び目は、中世やルネサンスの絵画の中で、《出産の聖母》と呼ばれるタイプの聖母像に見られる。ホルスを抱くイシスや子を抱く大地母神が幼児キリストを抱く聖母マリアの原型であるとはよく言われることだが、「イシスの結び目」が出産に結びつく護符として何らかの形で中世にまで伝承されたのだろうか。例えばアントニオ・ヴェネツィアーノのもの（十四世紀）（❽）やロッセッリーノ・ディ・ヤコポ・フランキの《出産の聖母》（一四一〇〜二〇頃）（❾）に止まらず、ピエロ・デッラ・フランチェスカの《ミゼリコルディアの聖母》の腰紐（❿）も、その結び目の形状から「イシスの結び目」と解釈されることがある。

クレタ島、クノッソス宮殿から発見された紀元前一六〇〇

右：❼ イシス像　前138-117年　ローマ、カピトリーニ美術館
中：❽ アントニオ・ヴェネツィアーノ《出産の聖母》14世紀　ポンタッシェーヴェ、サン・ロレンツォ教区教会堂
左：❾ ロッセッリーノ・ディ・ヤコポ・フランキ《出産の聖母》1410-20年頃　フィレンツェ、パラッツォ・ダヴァンツァーティ博物館

〇年頃の蛇を持つ女神像（あるいは女神官の像）では、両乳房の間にも類似する結び目が見られるが（⓫）、エヴァンズがミノア文明の重要な象徴としたこの「聖なる結び目」もまた、イシスの結び目と関係があると言われている。(9)

❸ソロモンの印章

籠目がつくる連続文様の中には、それぞれ上下逆さに向けた二つの正三角形を組み合わせた六芒星、いわゆる「ダヴィデの星」と呼ばれる形が見て取れる（⓬）。「ダヴィデの星」は、古くからインド・ヨーロッパ地域に共通する宇宙誌的な記号であった。四世紀頃からはシナゴーグやキリスト教の聖堂などでも装飾文様として使われていたこのシンプルな幾何学模様は（⓭）、中世まで多くのユダヤ人が住んでいたイタリア南部のプーリア州ターラントのユダヤの石碑にも刻まれていた。プーリアのユダヤ人たちはカバラの知識があることで知られていたというが、中世になるとこの印を護符やお守りのように使った。シナゴーグで

⓾ ピエロ・デッラ・フランチェスカ《ミゼリコルディアの聖母》1445-62年　サンセポルクロ市立絵画館

⓫ 蛇女神（女神官）　クノッソス宮殿出土　前1650-1550年　イラクリオン考古学博物館

は扉などに刻まれ、防護のように機能したと考えられている。これは今ではイスラエルの国旗の中央に置かれるなどユダヤ人のアイデンティティーを表すものとして知られているが、それは十四世紀半ばに東欧で始まったらしい（ボヘミア王でもあった神聖ローマ皇帝カール四世がプラハのユダヤ人たちに、赤地に「ダヴィデの星」のマークの旗を使うことを許したという）[10]。

今もっぱら「ダヴィデの星」と呼ばれているこの印は、もともと中世までは「ダヴィデの盾」もしくは「ソロモンの印章」あるいは「ソロモンの指輪」と呼ばれ、五芒星のように五つの突起をもつものも含まれていたが、十六世紀以降は主に六芒星の方を「ダヴィデの星」と呼ぶようになった[11]。「ソロモンの印章」「ソロモンの指輪」という名は、古代イスラエル三代目の王ソロモンが印章として使っていた指輪にこの形が刻まれており、その指輪のおかげでソロモン王は動物と話すことができ精霊や悪霊たちを使役することができたという伝説に由来する。このような魔法の指輪は一世紀のヨセフスによって言及されているものの[12]、ソロモンのものと言われるようになったのは、ソロモン王が書いたとされるギリシャ語の書『ソロモンの遺訓』（一〜三世紀）や

⑬ ローマ、サンタ・マリア・マッジョーレ聖堂の床モザイク　12世紀

⑫ 六芒星

ユダヤ教の口伝律法の注釈書バビロニア・タルムード（五世紀）の中である。ソロモン王はこの魔法の指輪で精霊・悪霊たちを従えたことから魔法と関係があると考えられ、十四世紀以降のイタリアでは『ソロモンの鍵』を始め、ユダヤ教カバラとアラビア錬金術、古代後期のギリシア＝ローマ魔術の影響を受け継いで書かれた多くの魔術書がソロモンに帰された。ソロモンの知恵を象徴する指輪に刻まれた六芒星が、のちに魔法円などに使われたのは、その強い魔術的力で魔法を使う人間を保護するためだという。秘密結社フリーメーソンの創設はソロモン王の神殿を建造したヒラムの伝説に基づいており、「ソロモンの印章」はフリーメーソンの象徴体系の中でも重要である。

ソロモン王とはどのような人だったのだろうか。ユダヤの王ダヴィデの息子でユダヤ第三代目の王となり、神と人間の契約の印である契約の箱を安置するソロモンの神殿を建設した。「知恵」を神から授かり、ユダヤ民族の王の中でも最も知恵のある王とされる。六芒星の二つの三角形は上昇する力と下降する力を表し、天上世界と地上世界を結ぶものと理解される[13]。この印は契約によってつながれた、神と地上世界を表しているのだ。

❹ソロモンの結び目

「ソロモンの印章」とは異なるが、やはりソロモン王に結び付けられ「ソロモンの結び目」と呼ばれている魔除けの文様がある。これは二つの楕円形の輪を知恵の輪のように絡ませて、一見メビウスの輪のように見えるよう組み合わせた装飾的記号である（⓮）。「ソロモンの印章」にも、二つの三角

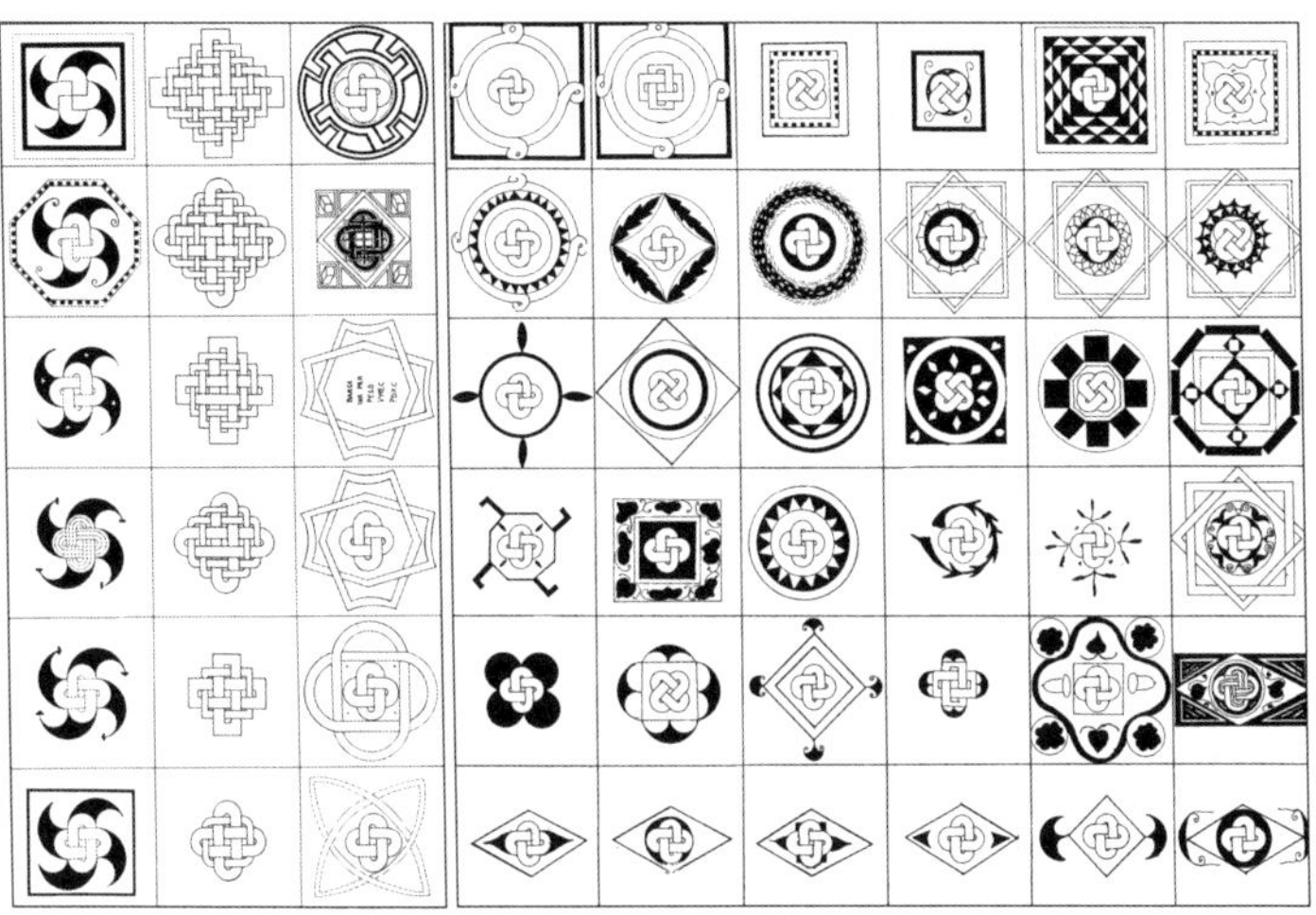

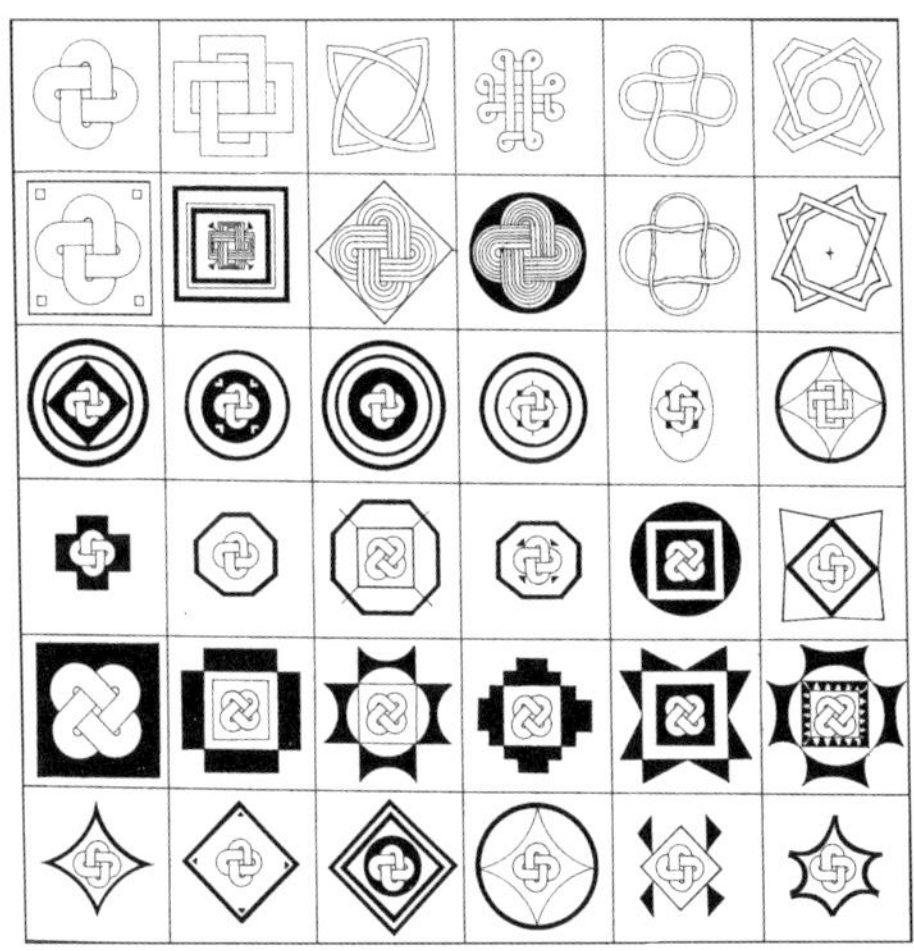

⓮ ローマ美術の装飾のソロモンの結び目とそのヴァリエーション

形が単に重ねられているのではなく、絡ませたように描かれるものがあり、その意味で「ソロモンの結び目」も「ソロモンの印章」すなわち「ダヴィデの星」と縁戚関係にあると言ってよいだろう。

古代後期から中世初期にかけて、様々な記号がソロモンに関係付けられた。この結び目に加え、先に述べたソロモンの印章の他、迷路、十字、指輪などがそうだ。これらは秘教的知識と民間的魔術の両方に関係し、広く護符として使われた。[14] 神から授かった至高の知恵の持ち主ソロモン王は、ひいては魔法や治癒の能力を持った存在と考えられたのだ。

「ソロモンの結び目」の原型となる形については、例えば最も古くは、シュメールの一匹の蛇の長い身体を絡ませた図像や、自分の尾を咬んで円環を作る蛇ウロボロスというグノーシス的、錬金術的象徴形態の、絡み合う二匹の蛇の図像などが考えられている。これらに共通する特徴は、十字を基調にすることと、回転可能な形であるということだ。[15] そして数としては、統一を表す1、そして補い合う、あるいは対立するものを表す四つの方向あるいは四つの要素などを表す4という数である。

この文様が「ソロモンの結び目」の名で呼ばれるようになったのは、のちに見るようにおそらく十三世紀以降だと言われているが、ヨーロッパで最初に見られるのは紀元前一、二世紀頃からで、古代ローマ時代にも床モザイクなどに頻繁に使われている（⑮）。ローマの邸宅の床には特に入り口から邸内に導かれる部分に邪視除けの図像が描かれたことは前章でも見たが、ことに帝政時代には、この模様を他の幾何学模様と組み合わせた無数のヴァリエーションが、いわゆるカーペット模様の床モザイクに数多く使われた。最初は信仰の中心地や公衆浴場などの社会生活の中心地、そして裕福な家庭の邸宅に、のち一、二世紀からは中層階級も自身の家をこの文様のカーペットモザイクで飾った。[16] ソロモンの結び目は他の文様、例えばスワスティカ（鉤十字）や網目、小楯、碁盤の目、蔦の葉、四つ葉、カンタロス（耳状の握り手のついた杯）、イルカ、星形の文様などとしばしば組み合わされた。そして四季、メドゥーサ、豹にまたがったディオニュソスなどのモティーフの周囲を縁取っていた（⑯）。この文様はその形からも明らかなように「回転」を表し、太陽の運行に結び付けられるスワスティカや四季とともに表されることで、「再生」の象徴となる。[17] ブリタニアからアフリカ、中東までローマ帝国内の広い地域に数多く見られ、古代後期からはキリスト教の建造物にも引き継がれている。例えばローマ時代後期のイタリア北部アクイレイアやグラード、コンコルディア・サジッタリアなどの初期キリスト教のバジリカの床モザイク（四〜五世紀）に多数残っており、献上者の名と共に描かれているものもある（⑰）。中世初期の幾何学的な連続文様の浮き彫りを施した祭壇やイコノスタシス（聖障）、ロマネスク彫刻や床モザイクの中にも遍在している。ガラス細工で有名なヴェネツィアの

⑯ ディオニュソスを取り巻くソロモンの結び目の文様　大英博物館　1-2世紀（D. J. Smith によるスケッチ　1984年）

⑮ソロモンの結び目モティーフのローマ時代の床モザイク　2世紀　ブレーシャ、サン・ロッキーノのドムス

ムラーノ島の十二世紀の教会の床モザイクにも見える（⓲）。床モザイクにこれらの文様を多用する古代の習慣は、このように教会堂建築でも踏襲された。床のように足で踏まれる部分には世俗的なテーマが許容されたとはよく言われるが、明らかに魔除けしての役割も期待されたであろう（⓳）。

床の文様以外にも教会堂の内外にこの文様は多く使われており、柱頭（⓴）にも、また教会堂の扉口（㉑）にも見られる。キリスト教の聖堂に現れるのは不思議な気もするが、実はキリスト教の聖堂の装飾の中にはこうした世俗的な魔除けの文様などもたくさん存在し、また写本のイニシャルや装飾にも頻繁に現れる。文様が刻まれるだけではなく、柱そのものが絡まりあって結び目を作るものもある（㉒）。とくにコモ出身のマエストリ・コマチーニと呼ばれる石工たちはこのモティーフを多用した（㉓）。結び目を持つ柱もまた、聖なる空間の入り口である教会堂にあって魔除けの機能を有していただろうと言われる。[18]

これらの記号のうちには、もはや世俗的ではなく明らかにキリスト教的なシンボルに変わっていっていると考えられる例があ

右：⓱ 床モザイク（サジッタリア・コンコルディア、バシリカ・アポストロールムの遺構）５世紀　ポルトグルアーロ・コンコルディア博物館
左：⓲ 床モザイク　12世紀　ムラーノ、サンティ・ドナート・エ・マリア聖堂

⑳ ミラノ、サンタ・マリア・ダウロラ聖堂出の柱頭　12 世紀　スフォルツェスコ城市立博物館

⑲ 戦う FOL と FEL とソロモンの結び目（ヴェルチェッリ大聖堂出床モザイク） 12 世紀　レオーネ美術館

㉓ サン・クイリコ・ドルチャ聖堂参事会教会堂　12 世紀

㉑ サン・トメ聖堂扉口ルネッタ　アルメンノ・サン・バルトロメオ　11 世紀

㉔ヨルダン、シュナー・アル・ジャヌビヤのバシリカ 「神よ我らとともにあれ」の銘　7 世紀

㉒ 説教壇下部　グロピナ、サン・ピエトロ教区教会堂　825 年の銘

る。例えば四つの輪を組み合わせたソロモンの結び目の周りに「神よ我らと共にあれ」と書かれているものだ[19]。ここではソロモンの結び目が、神と人間との結びつきの象徴として使われているのであろう（㉔）。

5 中世絵画のソロモンの結び目

これまであまり注目されてこなかったが、イタリアの十三、十四世紀の絵画にもソロモンの結び目は描かれている。代表としてジョットの絵画を紹介しよう。ジョットは当時の建築物や聖堂内の調度品や床を飾る、色石を象嵌した色彩豊かないわゆるコスマーティ文様などを絵画中で再現した。また人物の衣服の裾・袖・ヴェール・襟の縁の刺繡として、さらに光輪にも入念な装飾文様を描き入れている。ジョットに限らず当時の画家によって衣服の縁取り文様として使われたものには、フビライ汗の命によって作られたパスパ文字を模倣したものや、初期アラビア文字の四角張ったクーフィー書体を模倣した偽クーフィー文字と呼ばれるもの、ときにはヘブライ文字などがあり、それらは「オリエント的装飾」と一括りにされることが多いが、実はそこにソロモンの結び目のヴァリエーションも含まれている。衣服や光背を縁取る模様だけではなく、《ホノリウス三世の前の説教》や《インノケンティウス三世の夢》などのフレスコ画中で、教皇たちの後ろに下げられた豪華なカーテンやタペストリーの連続文様もソロモンの結び目や、そのヴァリエーションである（㉕）。実際の制作の大部分はジョットの工房にいた「サンタ・チェリアの画家」と呼ばれる逸名の画家が行ったとされる《グレゴ

㉕ 右：ジョット《ホノリウス 3 世の前の説教》部分　フレスコ
1295-99 年　アッシジ、サン・フランチェスコ聖堂上院
左：ジョット《インノケンティウス 3 世の夢》部分　フレスコ
1295-99 年　アッシジ、サン・フランチェスコ聖堂上院

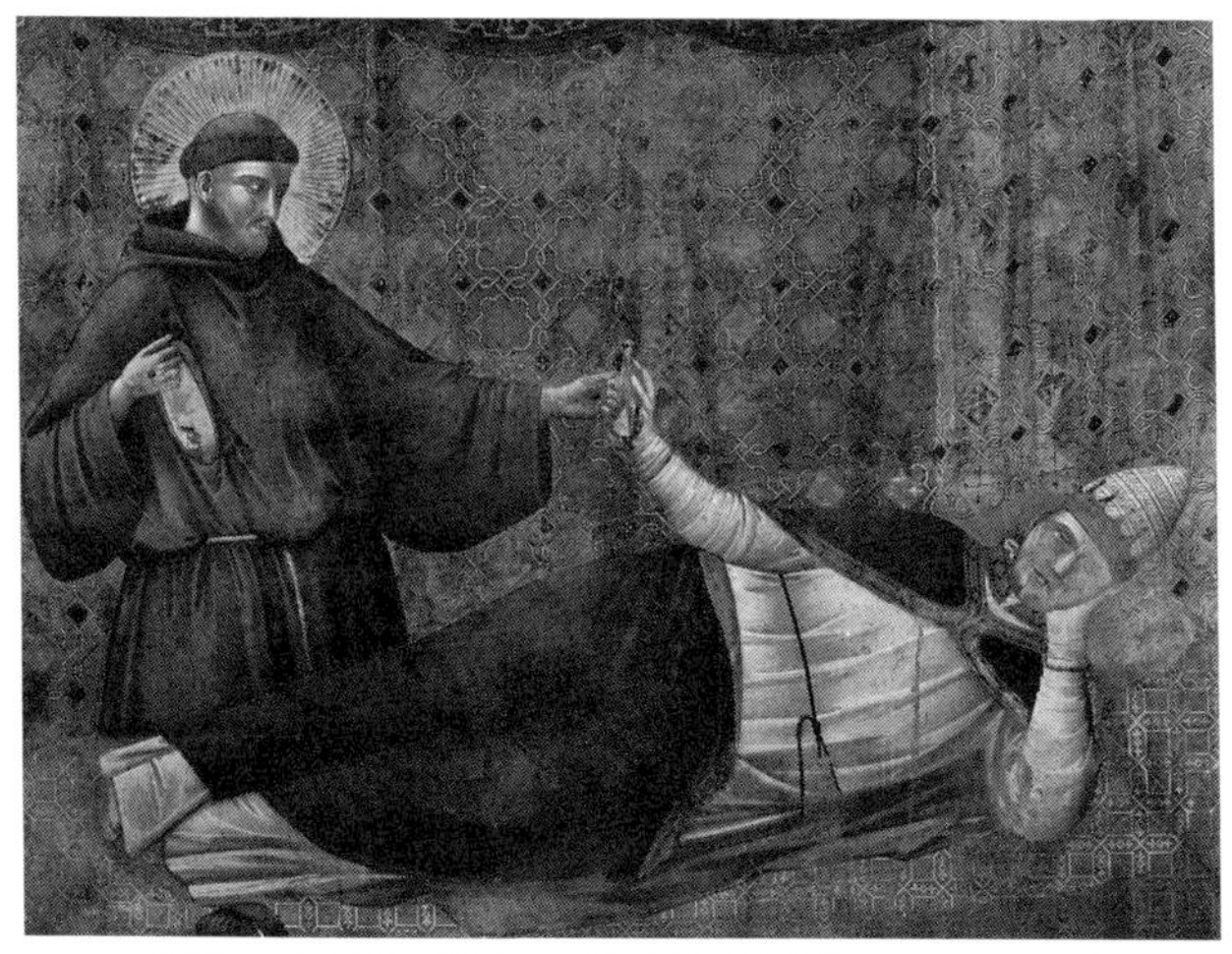

㉖ ジョット《グレゴリウス 9 世の夢に現れた聖フランチェスコ》
フレスコ　1295-99 年　アッシジ、サン・フランチェスコ聖堂上院

リウス九世の夢に現れた聖フランチェスコ》では、複雑な連続模様を作るソロモンの結び目のヴァリエーションがカーテンだけではなく、教皇グレゴリウスが横たわる寝台や、床の文様に現れる㉖。パドヴァやフィレンツェにあるキリスト磔刑像のキリストの胴体部分の背景にもこのような連続模様がある。様式の類似から、同じ多翼祭壇画を構成していたとかつてはみなされていた《聖ステファヌス》や《聖ラウレンティウス》の像では、彼らの着ている聖祭用上衣ダルマティカの胸・襟・袖の縁取りだけではなく、手にもつ聖書のカヴァーにもこれらの文様が描かれている㉗。元は《聖ラウレンティウス》の板絵と同じ多翼祭壇画の中央パネルであったと考えられている《聖母子像》では、聖母の円形の光背の縁取りに見られる。支持体の板に細い線で四つの楕円を組み合わせたソロモンの結び目が刻印され、その上に金が塗られている。さらには聖母のかぶる群青色のベールの、額の真ん中にあたる部分に一つのソロモンの結び目がある㉘。ウッフィーツィ美術館にある《オーニッサンティ祭壇画（マエスタ）》では、ジョットが活動していた当時盛んに制作された尖塔付きキボリウムに似せた聖母子の玉座の破風部分や天蓋の内側に、そして台座にもこれらの文様がある㉙。《サン・ジョルジョ・アッラ・コスタの聖母子像》でも、前述のフレスコ画で教皇たちの後ろに下げられていたカーテンと似たソロモンの結び目の連続文様の布が下げられている㉚。もちろんこうした東洋的な文様や柄は当時のヨーロッパとオリエントとの交流を物語るものでもあろうが、偽クーフィー文字などをキリストの時代に使われた文字とみなして初期の聖人、とくに聖母に使用したという解釈もなされている(20)。ジョットが「ソロモンの結び目」の図形を単なる文様としてではなく、神と人間、天と地の

㉘ ジョット《聖母子像》1320-35 年
ワシントン、ナショナル・ギャラリー

㉗ ジョット《聖ステファヌス》1320-35 年　フィレンツェ、ホーン美術館

㉚ ジョット《サン・ジョルジョ・アッラ・コスタの聖母》1310 年頃　フィレンツェ、サント・ステファノ・アル・ポンテ美術館

㉙ ジョット《オーニッサンティのマエスタ》1310 年頃　フィレンツェ、ウッフィーツィ美術館

和合を象徴として使ったという仮説もありえないことではない。

6 ダンテとソロモンの結び目

この意匠を「ソロモンの結び目」と呼んだ現在知られている最古の例は、実はジョットの同時代人ダンテに見られるという[21]。ダンテの『神曲』の煉獄篇二三歌、二四歌にも登場する、詩人の友人で親戚でもあったフォレーゼ・ドナーティと交わした六つのソネットから成るテンソという形式の詩(一二九三〜九六年制作とされる)の中に、このソロモンの結び目が登場する。ダンテとフォレーゼが互いを罵り合うように交わす一連の詩は喜劇的なリアリズムに溢れている。少しだけ引用しよう。まずはフォレーゼからダンテにあてた詩の一部だ。

> わたしは、墓地にアリギエーリを見つけたのだ。彼は、ソロモンだったか他の賢人だったかの名前のついている結び目で結わえられていた。私は東を向いて十字を切った。彼はこう言った「ダンテのために、私を解放してくれ。」しかしどうすればよいのかわからなかった私は後戻りし、家に戻った[22](『リーメ』88・8-14)。

次はそれに対するダンテの返答の詩である。

若きビッチよ、うずらの胸がおまえにソロモンの結び目をかけるだろう。いや羊の腰肉の方が一層ひどいだろうな。羊の皮がお前に肉の復讐をするだろうから[23]（『リーメ』89・1-4）。

フォレーゼの詩の中に出てくる「ソロモンだったか他の賢人だったかの名前のついている結び目」は、墓場で「アリギエーリ」すなわちすでに死んでいるダンテの父親が結わえられているものだ。フォレーゼはおそらくダンテの父が高利貸であったことを暗示し、その罪に縛られていると言っている。[24]ダンテの方は、その罵りに対抗して、フォレーゼ（ここでは若きビッチと呼ばれている）が大食漢であることや借金があることを揶揄して、「ソロモンの結び目」によってうずらや羊の肉に結わえられていると非難している。「うずらよりも羊の方がひどいだろうな」という文句は、羊の皮をなめして作る羊皮紙は借金の証文に使われたことによる。[25]つまり、ここでの「ソロモンの結び目」は「神と人間の連帯」というような意味ではなく、ほどくことができない結び目で罪に捉えられているというメタファーである。イタリア語の「結び目（nodo）」という言葉は、揺るぎない友情や愛情のような「きずな」にも使われる一方で、問題や困難を乗り越えるために解決すべき障害物の意味でも使われる。それはロマネスクの聖堂の入り口などを縁取る蔓草に手足を絡め取られた人間のモティーフのなかにも見出せるのではないだろうか。木や森は、西洋中世では罪に満ちた現世の比喩としても使われる。手足に絡みつく蔓草が作る結び目にがんじがらめになった人間は、悪徳に満ちた現世に囚われた罪深い存在なのだ[26]（㉛）。

たとえダンテがこの結び目を「皮肉」として使用したとしても、ジョットやダンテが生きた時代に教会堂や絵画などに頻繁に描かれたこの文様・記号が「ソロモンの結び目」と呼ばれていることは、おそらくこの時代に流通していた概念であっただろう[27]。

7 ルネサンス絵画のソロモンの結び目

ジョットに続く時代、ルネサンス期については、主に聖母子像を見ていこう。

第2章で見たピエロ・デッラ・フランチェスカの《ブレラの祭壇画》では、聖母の座っている玉座の下に敷かれた絨毯の縁にもソロモンの結び目のヴァリエーションの連続文様がある。そして衣服の裾に隠れてよく見えないものの、聖母の足元部分の大きな文様は「ソロモンの印章」であるように見える（㉜）。またヤン・ファン・アイクの《ルッカの聖母》（㉝）や一四五七年のペトルス・クリストゥスの《エレミアと聖フランチェスコを伴う聖母子》の絨毯にも描かれているように（㉞）、フランドルの画家たちもこのモティーフを頻繁に使っており、フランドルの画家たちと親交のあったピエロもあるいはその影響を受けているのかもしれない。しかし、ジョットらによって、特

右：㉛ 植物に囚われる男たち（サンタ・マリア・イン・ヴァッレ・ポルクラネータ聖堂、ロッショーロ）
左：㉜ ピエロ・デッラ・フランチェスカ《ブレラの祭壇画》（第2章 18）部分　1472年頃　ミラノ、ブレラ絵画館

㉝ ヤン・ファン・アイク《ルッカの聖母》1436年　フランクフルト、シュテーデル美術館

㉞ ペトルス・クリストゥス《エレミアと聖フランチェスコを伴う聖母子》1457年　フランクフルト、シュテーデル美術館

に聖母子像にこれほどまでに多く使われているところを見ると、イタリア絵画においては十三、十四世紀のイタリア絵画の影響がルネサンス絵画まで続いていると考えるのが妥当に思える。

　ソロモンの結び目が、ソロモンの印章がそうであるように、神と人間との結びつきの象徴であるとすれば、神の子でもあり人間として受肉したキリストも、神の子を宿したマリアにも結びつけられるであろう。しかし、《ブレラの祭壇画》や《ルッカの聖母》では幼児キリストを膝に乗せる聖母自身が、「知恵（上智）の座」（Sedes Sapientiae）として「ソロモンの王座」と同一視されていることが明確である。「知恵」であるキリストを宿し（そして膝に乗せる）聖母マリアは、すなわち「知恵の座」であり、知恵を象徴するソロモンの王座と同一視されるのである。ソロモンの神殿はまた、聖母が体現するキリスト教会（エクレシア）の原型でもある。「知恵の座」としての聖母像は一〇七五～一一二〇年頃のグレゴリウス改革時に数多くつくられ、イタリアでは十三、十四世紀まで続く[28]。現在はベルリンのボーデ美術館の所蔵であるが、もともとはイタリア中部のサンセポルクロにあった一一九九年作の木彫の玉座の聖母子像の台座の銘文には「母の子宮には父の知恵が宿る」という言葉があり、聖母が足を置く足台はソロモンの神殿を暗示する二匹の獅子に支えられている（㉟）。「歴代誌 下」（9・17-19）ではソロモン王の作らせた神殿は

㉟《智恵の座》1199年　サンセポルクロ大聖堂由来　ベルリン、ボーデ美術館

次のように描写されている。

> 王は更に象牙の大きな王座を作り、それを純金で覆った。王座には六つの段があり、その王座に金の踏み台がつけられていた。また、座席の両側には肘掛けがあり、その脇に二頭の獅子が立っていた。六つの段の左右にも十二頭の獅子が立っていた。

ヤン・ファン・アイクの《ルッカの聖母》でも玉座には四頭のライオンが彫られており、ソロモンの神殿を暗示している。

マンテーニャの《サン・ゼーノ祭壇画》（一四五七〜五九）の中央パネル（㊱）は、聖母子の座す玉座の上に大きな赤いコルヌコピア（珊瑚と同じ色の紅玉髄（カーネリアン）のような石製だろうか）から出てくる花綱が左右に張られている点でも、玉座の背の上部の円盤が天体の暗示であるように見える点でも四〇年のちに描かれた《勝利の聖母》と類似している。中央にはピエロ・デッラ・フランチェスカの《ブレラの聖母》同様、ダチョウの卵がぶらさがっている。また聖母や聖人たちの光背の周囲を偽クーフィー文様が縁取っており、足下に敷かれているアナトリア風絨毯にも、偽クーフィー文字のようにも見える幾何学な組紐文様が描かれている。しかし、よくみると聖母の足のすぐ下にあたるこの絨毯の中心部分にはソロモンの結び目のモティーフが散りばめられ、そして周囲の赤い地の部分の組紐文様はソロモンの結び目の複雑なヴァリエーションを描いている。《サン・ゼーノ祭壇画》の玉座の聖母は、「シ

㊲ マンテーニャ《勝利の聖母》（第 2 章 19）部分　1496 年　パリ、ルーヴル美術館

㊱ マンテーニャ《サン・ゼーノ祭壇画》1457-59 年　ヴェローナ、サン・ゼーノ聖堂

㊳ ピエトロ・ヴァッサッレット作　司教座　1260 年頃　アナーニ大聖堂

ラ書」二四章に基づいて、天の高みにある「叡智の幕屋」を表していると解釈されるということだが、[29]《ルッカの聖母》や《ブレラの祭壇画》同様、ここでも足元の絨毯の文様によって聖母子の玉座がソロモンの神殿を暗示するということが裏付けられるのではないだろうか。

ここでもう一度マンテーニャの《勝利の聖母》を見てみよう（㊲）。ここには「ソロモンの結び目」はないが、聖母が足を置く金色の足台はよく見ると猫足になっている。聖母が座す玉座の背の上部の円盤に目をやると、中心は一六の光線を放つ星型で、その周囲を複雑なレース編みのような結び目の文様が取り囲んでいる。ローマ教皇庁が推進する古代の石材の再利用は、コスマーティと呼ばれる石工たちによって、サンタ・マリア・イン・コスメディン聖堂のものやサン・ロレンツォ・フオリ・レ・ムーラ聖堂のもののように、十二世紀前半から教皇の玉座の背の装飾にも多く使われた。[30]中でも一二六〇年頃にコスマーティの一人ピエトロ・ヴァッサレットが作ったアナーニの司教座の背の上部の円盤は、ソロモンの結び目のように互いに絡まり合う六芒星（ソロモンの印章）で飾られており、両脇を（後補のものではあるが）ライオンで固められているところから、ソロモンの王座との強い結びつきが指摘されている[31]（㊳）。《サン・ゼーノ祭壇画》の聖母の玉座の背の天体を暗示している透かし文様も《勝利の聖母》の星の形も、聖母が天に存在していることを暗示しているのだが（足台の中央には「REGINA /CELI LET./ALLELVIA 天の女王、喜びたまえ、アレルヤ」という銘が書かれている）、星形を囲む複雑なレース編みのような組紐文様はソロモンの結び目とは関係ないのだろうか。というのは、次に見ていく様に、はっきりとソロモンの結び目を表していないゆるやかな組紐文様もソロモンの神殿の垂れ幕に結びつけることが可能だからだ。《勝利の聖母》が制作されたのと同時期の一四九三年にレオナルドもこれによく似た一本の紐が複雑な結び目をつくりながら同心円状に広がる網目文様を制作している。一四九八年にはスフォルツェスコ城の「アッセの間」の壁と天井を覆う木々の枝を編み込んだ文様へと展開していくこの意匠は、レオナルドの出身地ヴィンチ村の名の由来である籐（vinci は籐 vinco の複数形）や、そしてヴィンチ村でも盛んに行われていた籐編み細工に関係するとも言われている。[32] しかし、この時期に紋章などにも好んで使われた組紐文様には何らかの暗示があったことも考えられる。この文様が孕む単なる装飾ではない象徴的意味の研究が、この先さらに進むことを期待している。

さて、組紐文様はブレラ絵画館にあるルカ・シニョレッリの《フィリッピーニ祭壇画》の中央パネル《玉座の聖母子と聖大ヤコブ、聖シモン、聖フランチェスコと聖ボナヴェントゥーラ》にも描かれている（㊴）。森結氏はシニョレッリの描く衣服の文様の意味を探る研究の中で、この絵の玉座に座す聖母子は「知恵の座」を意識したものであり、バックにある組紐文様が描かれた布は、ソロモンの神殿の至聖所の

㊴ シニョレッリ《フィリッピーニ祭壇画》中央パネル　1507 年　ミラノ、ブレラ絵画館

垂幕を表していると解釈している[33]。類似した組紐文様は玉座の下部にも描かれている。シニョレッリの描く組紐は非常に細いもので、それがソロモンの結び目であると断言するのは難しい。しかしおそらくシニョレッリが参考にしたであろうラッファエッロの《コロンナ祭壇画》で[34]聖母子の後にある垂れ幕や玉座の基壇に描かれた組紐文様は、伝統的なソロモンの結び目文様のヴァリエーションであることがよりよく見て取れる㊵。《フィリッピーニ祭壇画》の垂れ幕の形状はジョットがフランチェスコ伝サイクルの中で描く教皇たちの後ろに下がっていたカーテンとも似ている。《グレゴリウス九世の夢に現れた聖フランチェスコ》のカーテンの、細い線が絡まって複雑な連続模様を作るソロモンの結び目のヴァリエーションを彷彿とさせるこの文様は、アヴィニヨンの教皇庁の宮廷画家の一人、イタリア人画家マッテオ・ジョヴァンネッティが「謁見の間」の天井に

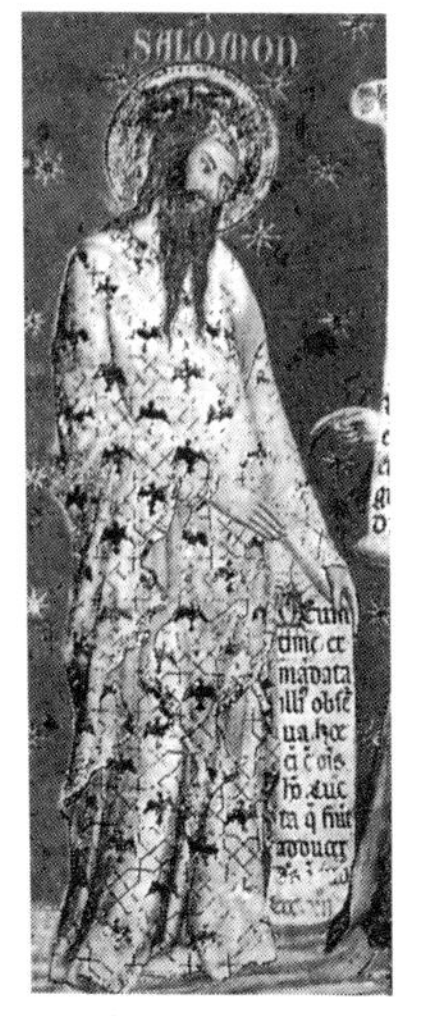

右：㊵ ラッファエッロ《コロンナ祭壇画》1504年頃　ニューヨーク、メトロポリタン美術館
左：㊶ マッテオ・ジョヴァンネッティ《ソロモン》1353年　アヴィニヨン教皇庁「謁見の間」

描いた二〇人の預言者に含まれるソロモン王の衣服に描かれているものとの類似が見て取れる（㊶）。鷲のような鳥の図像が配されているこの文様は細い線が交差するものの、物理的に絡まりあっているかどうかはわからないヴァージョンではあるが、シニョレッリの垂れ幕の文様とは似ている。ソロモン王の衣服にこのような組紐文様が描かれる他の例は確認できなかったが、これが図像における最初のソロモン王と組紐文様との結びつきだと言われている[35]。

先にも述べたように、中世、ルネサンス期には、聖人たちや聖母子の衣服の縁どりや光背部分に、擬クーフィー文字やヘブライ文字などが描かれることがしばしばあった。これらがどのような意味を持っていたかについては諸説あり、旧約聖書時代の人物や古きキリスト教のオリエントとの結びつきを表そうとしたものという説もある。確かにこれらはオリエント風のあるいは古代からの連続文様のレパートリーのひとつであったかもしれないが、今まで見てきたように、明らかにソロモンの神殿との結びつきが暗示されるものもある。また擬クーフィー文様のように読めない文字は、あるいは魔法の呪文のように見えたかもしれず、魔除け的な意味をそこに見出した人々も多かったであろう。必ずしも聖書の深い知識がある人間ばかりが訪れるわけではない教会堂などでも、入り口に施されたソロモンの結び目文様や、結び目を作る円柱などは、そこに入ろうとする者たちに神秘性を感じさせ、また容易に神と人間の絆と理解されたのだろう。

8 サンとウニヌマタ

結び目が魔除けになるという考えもまたユニバーサルなものであるということを最初に述べたが、ここで少し沖縄の事例に触れたい。沖縄には「サン」や「ゲーン」と呼ばれているススキの葉などを十字に結んだ魔除けがある。葉が剣のように鋭く尖り、他の植物を圧して繁茂するススキそのものに魔除けの力があるという説明もあるが[36]、おそらくは結び目を作ることでも魔除けになっているものと推察される（㊷）。

サンのように植物の葉を使い十字の形を作ったウニヌマタという魔除けもある（㊸）。

沖縄では旧暦の十二月八日はムーチーの日である。クバ（ヤシ科のビロウ）の葉や月桃（ゲットウ）の葉で包まれているこの餅は、家族の健康・厄除けを祈願するためのものだ（㊹）。もともとは悪鬼などや災厄を退散させるためのものが、子供の健康祈願となったと言われる。月桃は虫除けの効能もある独特の匂いのするもので、それが悪鬼や瘴気などを払ってくれると信じられたのであろう。特に子供の健康が祝われ、子供が生まれて最初のムーチーの日には、たくさんのムーチーが近所や親戚に配られ

㊷ 小さなサン

㊸ ウニヌマタ　沖縄県立博物館・美術館

る。男の子の場合には、クバの葉で巻いた大きなその名も力餅というものを食べさせたり、あるいは神にお供えしたりする。子供のいる家庭では、子供の歳の数のムーチーを天井や軒に吊るしたりする。[37]スーパーでも売っているが、家庭で作る伝統も残っており、ある大学院生のおばあさまが毎年作るというムーチーのお裾分けに、私たちもあずかったりする。ちょうどムーチーの日は一年で一番冷える時期にあたるので、ムーチーをいただくと「ああ、今日はムーチーか、道理で寒いはずだ」などと話したりするのである。

琉球の王府のあった首里の金城町に、観光の名所にもなっている石畳があるが、その近くにある内金城御嶽(うちかなぐすくうたき)という聖地がこの習慣の元になったムーチー伝説に関わっている。そこに住んでいたという兄妹の物語は以下のようである。

兄が人を食う鬼となり、妹がそれを退治するために、石を入れた餅とふつうの餅を持って行く。石を入れた餅を食べた鬼は、こんな堅いものでも妹は食うのかと驚く。また妹が足を

㊹ ムーチー（左：©OCVB）

開いて座っていると、鬼は「その下の口は何か」と尋ねる。妹が「上の口は餅食う口、下の口は鬼食う口」と答えたので、鬼は恐れて逃げ、崖から落ちて死ぬ。(38)

性的なものを見せて魔除けにする例は、次章で扱いたいと思うが、このように、ムーチー伝説もその一つである。ところでムーチーの日には、ムーチーを吊るしたり供えたり、食べたりするだけではない、大事な行事があるそうだ。それは、餅のゆで汁を八日の早朝に「鬼の足焼こうね」といいながら門や屋敷の四隅（あるいは庭）にかけること。そして餅を食べ終わるとそれを包んでいた葉（ウナームチ）を十字の形に結わえて門口や家の四隅に吊るし、鬼の侵入を防ぐこと。それがウニヌマタ（鬼の股）である。(39)今ではこれらすべてをきちんと行う家庭は少なくなっているようで、おばあさま手作りのムーチーをくれる大学院生のうちでもウニヌマタは作らないとのことである。

十字のように、二つのものが交差するものは、悪いものの侵入を防ぐユニヴァーサルな印であろう。十字架は、キリスト教のシンボルとなる前から、交差部を作ることで一種の結び目でもある護符だった。アイルランドでは、藁を編んで十字を作り、家畜小屋や家屋の扉の向かいにかけて厄除けとしたという。こうした編まれた十字は耕地にも置かれた。シュロやネコヤナギの枝で編んだ十字をニーダーバイエルンでは「妖女の足」と呼んだ。(40)人間動物を問わず、足の図像や靴の形は邪眼や霊をはねつけ、妖術や魔女術を妨げると考えられているそうだ。(41)鬼や妖女の足を表す十字の魔除けは、結び目の力と十字が暗示する天体や太陽の力も借りているのかもしれない。

シチリアのエンブレムがメドゥーサの首の周りに三本の足が描かれるものであることを思い出した。これはトリナクリアと呼ばれ、シチリアではことに陶器の装飾としてよく使われ、土産物用だけではなく地元の人にとってもポピュラーなシンボルである（㊺）。今では三角形のシチリアの三つの突起を表すと説明される三本の足は、もとは三つの渦巻で構成されたトリスケルと呼ばれる文様であった（㊻）。この三本の鉤型もまた、鉤十字（スワスティカ）がそうであるように、運行する太陽や季節を表すインドヨーロッパ語族共通の文様で、ギリシャを通じてヨーロッパに入ったものだ。元は太陽の神の顔が中央についていたものが、ローマ時代にメドゥーサの首に置き換えられたというが、そこにもこの魔除けをさらに強力なものにしようとする人々の願いが感じられる。

㊺ トリナクリア（シチリアの紋章）

㊻ トリスケル

生殖の力

第7章 生殖の力

❶ 悪霊を祓う生殖の力

第6章のムーチー伝説のところでも見たように、生殖器を見せることは、しばしば魔除けや厄除けの仕草となる。クリス＝レッテンベルグとハンスマンは、「災厄や悪霊を祓うために陰部に触れる、露出する、指差すという身振りがいかなる時代にもあったことは繰り返し証明される」と書いている[1]。そして、プリニウスによる「経血が雷の閃光に向かって露出されると雹や暴風が駆逐され、海上では月経がなくても露出すれば暴風雨をふせぐことができる」という記述（28・23・77）を例にあげている。しかしプリニウスは、別のところで女性の経血に触れると新酒が酸化し作物は成熟せず象牙のつやも曇らせるとし、経血ほど驚くべきもの（monstrificum）はないと言っている（7・15・64）。プリニウスのこの言葉には、不浄なものとしての月経への強いおののきと不快感が含まれているように感じられ、雹や暴風を退ける力となるのは露出された女性器というよりはこの月経の驚異的な力と思っているのかもしれない[2]。

プルタルコスは、魔除けの奇妙な外観が「邪視」を引きつけ、それが（邪視の）犠牲者に与える圧力を弱めると言っている（『饗宴録』V.7.682a）が、それはこのあとに見る男性器形の護符であると考えられる[3]。また、笑いそのものが「厄除け」であるが、したがって笑いを引き起こす不躾なものはすべて、悪しき能力をもつ人間や精霊の眼を惹きつけ、脅かされた対象から視線をそらさせるのに適していると言える[4]。日本神話には、自身の生殖器を見せて笑いをさそった女神の話がある。天照大神が天の岩戸に籠もってしまって世界が暗闇に包まれた時、困った神々が岩戸の前に集まって行った儀式の中で、アメノウズメは裳の紐を女陰まで下げて踊り、それを見た神々の笑い声で天照大神を外に引き出すことに成功した。暗闇を追い払ったのだから、ある意味で厄払いをしたとも言える。ところでこの神話に似た伝承は多くの文明に存在し、ギリシャ神話にも見いだせる。それは次のようである。デメテルはハデスによって娘ペルセフォネーが冥府に連れ去られたのちは、悲しみに暮れ、老女に身をやつして世界中を回って娘を探しつづけた。そこに現れたのが老女バウボである。彼女は沈み込む女神に飲み物を供し、スカートの裾をたくしあげて自身の性器を見せた（❶）。それでもデメテルは無感動のままであったが、耐えられずに笑いだしたイヤックス（ある神話によればデメテルかペルセフォネーとゼウスの間に生まれた子で、ディオニソスと同一視される）につられてとうとうデメテルも笑いだした。これは娘が誘拐されてから初めてのことであった（アレクサンドリアのクレメンス『ギリシャ人への勧告』2章）。

両足を広げてしゃがみ、性器を露わにするバウボの小像は、バウボ信仰が生まれたエジプトでもフェニキアでも数多く作られた。スカートの裾をたくし上げて性器を露出するポーズにはギリシャ・ヘレニズム世界では「アナシルマ」という名称もつけられており、そのポーズで描かれる「アナシルメノスのヘルマフロディト」などの像もある（❷）。性器を露出することはデメテルとペルセフォネーを祀る地で執り行われた「エレウシスの秘儀」

右：❶《バウボ》前 3-2 世紀　エジプト出土　ハンブルグ美術工芸博物館
左：❷《アナシルマのヘルマフロディト》前 331-323 年　エジプト、ダマンフール近郊出土　パリ、ルーヴル美術館

の中でも行われた。

ギリシャやエジプトの文献には、神は笑いながら世界を創造する、あるいは神の笑いによって世界が創造されるという記述があるという。デメテルやペルセフォネー信仰の儀式の中での笑いもまた、創造と受胎に関係する豊穣の祈願である。そして女神が笑うことは春の訪れを意味する。(5) エウリュディケを追って冥府に降りたオルフェウスの物語が日本神話のイザナミとイザナギに通じるように、ユーラシアに共通するいくつかの物語があることはよく知られている。(6)

陰部を露出して邪視や悪霊を祓う例は、第5章のところで見た古代ローマ時代の床モザイクで、邪視を脅かしている男性器にも見られる。リビアのレプティス・マグナには、二世紀の浮き彫りで、足のある男性器がサソリを上に乗せた「邪視」に向かって射精しているものがある（❸）。

ミラノの現在のヴィットリア門はかつてトーザ門と呼ばれていたが、そこにはスカートの裾をたくし上げて陰毛を剃っている女性の浮き彫りがあった（❹）。「トーザ」というのは「剃られた」という意味である。これについては様々な伝承があり、その一つが

右：❸ 邪視に向けて射精する男性器　リビア、レプティス・マグナ
左：❹ スカートをたくし上げて陰部を見せる女性像　トーザ門の浮き彫り　12世紀　ミラノ、スフォルツェスコ城古代美術館

一一六二年にフェデリコ一世バルバロッサの軍隊がミラノを襲撃した時、あるミラノの若い女性がバルバロッサの兵士たちを挑発し気をそらすために、市壁の上からこの仕草をしてみせたというものだ[7]。その説が正しければ、この浮き彫りはこの勇気ある女性の姿を辟邪として掲げていたのであろう。しかしミラノの枢機卿で列聖もされたカルロ・ボッロメオ（一五三八–八四）によって、その姿は淫らであるとして門から取り除かれ、現在はスフォルツェスコ城古代美術館に収められている。

西洋中世のキリスト教聖堂の、とりわけ外壁にも一見したところ教会堂にふさわしくないような、猥褻な図像がしばしば見られる。性器を露出し見せびらかすポーズを取る男女である（❺）。しゃがんだ姿勢は、バウボや古代エジプトのベス神、そしてベスの妻でベスとペアで描かれたベセト神などに由来するとも言われている。ベスは舞踊と戦闘の神でもあるが、産婦や新生児の守護神でもあり、邪悪なものを祓ってくれるとして庶民に広く愛された神で、ローマ時代にも多くの像が作られている。またベセト神と明らかな類似性を見せるしゃがんだポーズの大地母神の像が、エジプト近隣の地域

右：❺ 男性器を露出する男性像　13世紀　ヴィーコフェルティレ、サン・ジェミニアーノ教区教会堂柱頭
左：❻ 抱き合う裸体の男女　12世紀　サンタングラス教会堂柱頭

から出土している[8]。

西洋中世の教会堂の内外には、裸で抱き合う男女や（❻）ときには性交中の姿さえ表されることがある。これらは淫乱の寓意像や、罪深い行為への警告と解釈されることが多いが、これらの像に辟邪の機能を見出す解釈は少なくない。農耕儀礼の中では、畑で種を撒く時や、大地の実りが多いことを祈願して畑で性交し、笑ったという[9]。それらはもともとキリスト教以前の魔を払い豊穣を祈願する図像であったのだ。

キリスト教会に施されたこうした卑猥な図像の中でもよく知られているのは、アイルランドやイングランドに多いシーラ・ナ・ギグ、またはシーラ・ナ・ギョホと呼ばれるバウボの小像と類似する女性像だ。女性像とは言っても、多くは髪の毛もなく、大股開きで自分の女陰を両手で開いて見せる度肝を抜かれるような姿である（❼）。キリスト教の文脈では「淫乱の寓意」とみなされるこの像は、ケルトの土着の信仰の残滓、あるいはキリスト教と土着の信仰との融合の好例である。ヴァルテールによれば、キリスト教の中で生き延びたシーラ・ナ・ギグの民間信仰はとても盛んであり、邪視を退けるものでもあったので、「教会は手荒で抑圧的な形でこの信仰を根絶するよりも、その彫像を教会の上に（もちろん周辺的な場所へ）移すことで信徒たちをキリスト教の礼拝の場に引き寄せ、徐々に真の神を称えてもらえるように誘導した[10]」。これと同じことが、この先で見る二股を広げるセイレーン

❼ シーラ・ナ・ギグ　1140-43 年頃　ヘレフォードシャー、キルペック教会堂

の図像に起こらなかったと誰が言えようか。

❷ 男性器や女性器を象る護符

実際、性的な意味合いを持つ魔除けは数多く、ローマ時代にも男根の形の魔除けは沢山作られた。厄除けとしての男根の概念は古代ギリシャ時代にもあり、たとえば境界にたてられるヘルメス柱に男根がついているのもその例であるが（❽）、古代ローマでは特に盛んに作られた。不吉なものを見たり聞いたりすると、イタリア人男性は、コルナの形を作った手で自分の股間を触ることもある。コルナと男性器の両方の邪視除けの力に頼ろうとするものだろう。赤い角（cornicello）自体もファリック・シンボルすなわち男性器を表している。多くの美術館や博物館では古代ローマの部門に行くと、時に翼を生やす男性器のブロンズ像（ファスキヌスあるいはファスキヌム）（❾）や巨大な男性器を持つ豊穣の神プリアポス神などの像が数多く陳列されているのにびっくりした経験をお持ちの方もおられるだろう。

右：❽ルキウス・カエキリウス・ユクンドゥスのヘルメス柱　ブロンズ
中：❾翼を生やしたファスキヌス　1世紀　ブロンズ　ナポリ国立考古学博物館
左：❿プリアポス神（メルクリウス）　1世紀　フレスコ　ポンペイ、ヴェッティの家

これも随分昔の話だが、ある日本人の家族をポンペイに案内したときのことだ。その当時は中にガイドをしてくれる人が何人かいて、ヴェッティの家の入り口では、有名なプリアポスのフレスコ画（❿）の前で初老のガイドさんが非常に誇らしげにこの絵の説明に熱弁をふるってくれたのを思い出す。自身の巨大な男性器を、硬貨の入った袋と天秤にかけているプリアポス神（商売の神メルクリウスと重ねられている）、その足元にはやはり豊穣のシンボルである果物を盛った籠が置かれている。この家の主人は自身が得た富をこうして誇示しているのである。ポンペイやヘルクラネウム出土の床モザイクの文様にも、男性器を象ったものは多く（⓫）、結び目同様魔除けの意味を持っていたものと言われている。角と同様、性器を象った豊穣や多産のシンボルは幸運をもたらし、翻っては不幸を退けるのだろう[11]。

ファスキヌスは嬰児、そして将軍たちの守護神でもあったようだ。プリニウスは「それは将軍たちの凱旋式の戦車の中に掛けられ、医者として彼らを嫉妬から護る」と言っている（28・7・39）。

男性器のシンボルと女性器のシンボルを組み合わせるものもある。蹄鉄は上があいていて、ものがたくさんたまる形が豊穣を表すというのが

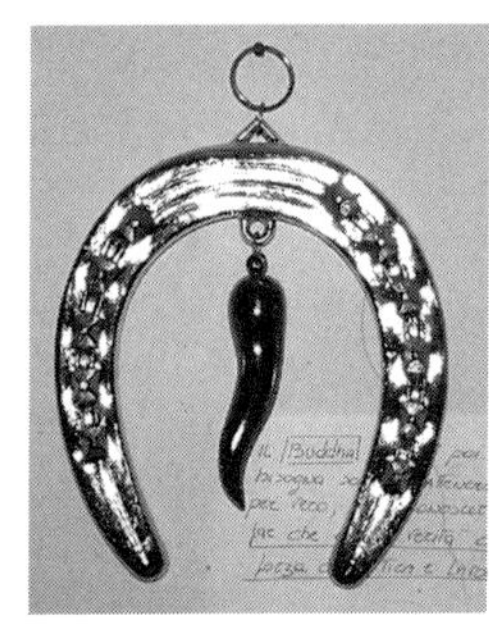

右：⓫ 鈴のついた男性器　床モザイク　ヘルクラネウム遺跡　1世紀
左：⓬ ナポリの家に飾られた蹄鉄とコルノの護符

一般的だが、女陰の形をしているとも言われ、下を向いた蹄鉄と角（コルノ）とが組み合わされた護符もある（⑫）。

❸マーノ・ア・フィーカ

これもやはりポピュラーな魔除けのジェスチャーだが、人さし指と中指の間に親指をいれて、男女の交わり、あるいは女性器を表すマーノ・ア・フィーカあるいはマーノ・フィーカというものがある(12)（⑬）。フィーカはイタリア語でイチジクの実フィーコを（fico）を女性形にしたものだが、女性器を意味し、翻って魅力的な女性を指すこともある。デューラーの様々なポーズをとる手の素描の中にもこの仕草のものがあるが、古代ローマ時代から、この形を指で作ってみせることは、魔除けともなり、また相手を嘲笑するのにも使われた(13)。コルナのポーズが邪視を祓うのと、人を嘲笑するのとの両方に使われるのと同様だ。手でこの仕草をする代わりに、これを珊瑚や銀、真珠層、黒玉などの宝石、ガラスなど様々な材料で象った護符や香玉入れなども数多く作られた。第4章で見たチマルータの枝の一つの先がこの仕草をする手になっていることもある。

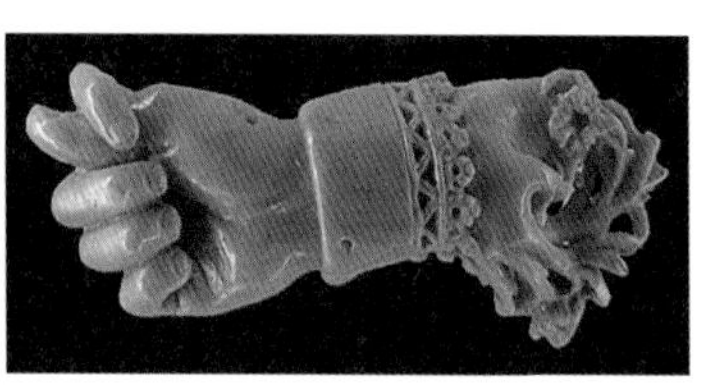

⑬ マーノ・ア・フィーカ　17世紀　紅珊瑚製　トラパニ、アゴスティーノ・ペポリ州立博物館

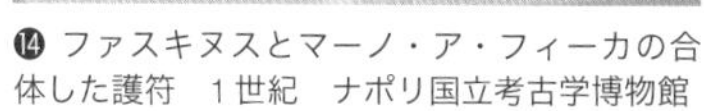

⑭ ファスキヌスとマーノ・ア・フィーカの合体した護符　1世紀　ナポリ国立考古学博物館

また中央の輪になった部分から片方には男根がそしてもう片方にはマーノ・ア・フィーカのジェスチャーをする手が伸びているようなペンダントも一種のファスキヌスとして古代ローマ時代に作られた（⑭）。

４ 二股の人魚、魚

第４章で見たように、チマルータはディアーナの金属、銀で作られている。エルワージは、チマルータについているものは鍵、月、魚に限らず、すべて当時（十九世紀末）のナポリ人が熱心に崇拝していたディアーナに関係すると言う(14)。

二本の尾を広げて両手で持っているセイレーンの形をした護符で、銀で作られたものも多くナポリに存在したと、エルワージは書いている（⑮）。また魚の尾を持つ馬である海馬（カヴァッロ・マリーノ）の護符もある（⑯）。ナポリのセイレーンやカヴァッロ・マリーノの護符は、家や窓に吊るされることが多かったこともあり、表裏どちらから見てもよいように細工され、鈴が複数ついている。鈴には風鈴などと同じように音による魔除けの機能があるだろ

⑮ 銀製の二股のセイレーン

⑯ 海馬　ブロンズ　ローマ時代

う。セイレーンの歌とも関係があるかもしれない。

ナポリはセイレーンとゆかりの深い都市である。ギリシャの植民地マグナ・グラエキアにあって、新しい都市ネアポリスと呼ばれたが、ギリシャ神話に登場するセイレーンのうちのパルテノペが流れ着いたのがナポリで、それゆえにナポリは別名パルテノペとも呼ばれる。ギリシャ神話のセイレーンは魚の尾でなく鳥の翼を持つ存在であったが（⑰）、「魚の尾を持つ乙女」であると七世紀末から八世紀初頭に『怪物の書』に書かれてから は、鳥の翼を持つもの、魚の尾のもの、そしてその両方を持つものなどの形が混在した（⑱）。『オデュッセイア』では、船乗りたちを美しい声で魅了して海の中に引きずり込む恐ろしい存在であったが、一方オデュッセウスのような英雄だけが聞くことのできる歌、すなわち秘匿の知識の与え手であるともみなされた。プラトンやプルタルコスはセイレーンたちは天上の調べを奏でるものたちであると言っている。中世では多くの場合、淫乱の悪徳と同一視されたが、ルネサンスになると知識の与え手、天上の音楽の奏者としての古代のポジティブなイメージが

⑱ セイレーン（ピエール・ル・ピカール『動物誌』f.202v　1268年　Paris Arsenal 3516）

⑰《ヴェスヴィオ山の炎を鎮火するセイレーン》ナポリ、スピーナコローナの噴水　1532-53年？

⑳ フランドルの金工家《トリトンがついたペンダント》1580-90 年　フィレンツェ、ピッティ宮殿銀器博物館

⑲ フランドルの金工家《セイレーンがついたペンダント》1570-80 年　フィレンツェ、ピッティ宮殿銀器博物館

戻り、特にナポリでは知識の与え手のシンボルとして多くの出版業者の商標や、都市そのものの象徴ともなった。また、音楽や文芸に秀でた者の代名詞であった。ナポリのセイレーンの護符がいつ頃からあるのかはわからないが、ナポリでセイレーンの護符が流行したのは自然なことであろう[15]。

銀製のナポリの護符よりもずっと豪華な宝石をちりばめたセイレーンのアクセサリーも、例えばメディチ家のジュエリー・コレクションを展示するピッティ宮殿などにある。一五七〇〜八〇年に作られたセイレーンのペンダント（⑲）は、東京都庭園美術館で開かれた「メディチ家の至宝展」（二〇一六年）で展示されたので、ご覧になった方もいらっしゃるのではないだろうか。胸の部分はバロック真珠で、他の部分はエナメルが施され、ルビー、ダイヤモンドがはめ込まれている。左手には二つの真珠をはめ込んだ砂時計を持ち、右手には光線を象る突起に周囲を縁取られた持ち手のついた円形のものを持っている。円形部分の裏面には月が描かれ、表面にはカボションのルビーの上に顔の描かれた太陽を描くこの持物は「笏」であると解説にはあるが[16]、セイレーンの伝統的な図像に従えば鏡と解釈されよう。金とルビーの花のモティーフを繋いだ鎖でぶら下げられ、下側には、ナポリのセイレーンたちに鈴がつけられていたように、真珠がぶら下がっている。フランドルの工房で作られたとある。これもピッティには、同じくフランドルの工房で作られたトリトンを象ったジュエリーもある（⑳）。これも胸の部分はバロック真珠でできており、エナメルを施した金の土台に七つのルビー、二つのダイヤモンド、五つのエメラルドがはめ込まれている。右手に棍棒を、左手に持つ盾にはガーネットがはめ込まれ、下に一つ真珠がぶら下がっている。色鮮やかな宝石類だけではなく、セイレーンやトリトンの胴体に使われる見事なバロック真珠のなまめかしい輝きに目を奪われるが、海に棲むセイレーンやトリトンの身体に海から採れる宝石である真珠を使おうとするのはきわめて自然なことかもしれない。ルネサンス以降に作られたネプチューンやウェヌスなどのペンダントにも真珠は使われている。ルネサンス期の裕福な人々にもこれらのペンダントが護符として使われていたのかは定かではないが、第3章で見たように、貴重な宝石や真珠に込められた魔術的な力は、これらのペンダントにも当然宿っているとみなされたはずである。

　エルワージはセイレーンと、海馬（カヴァッロ・マリーノ）などの背に乗ってハデスに向うペルセフォネーやディアーナとの関係を突き止めようとしている。[17] エトルリアの豊穣や冥府の神であるヴォルトゥムナとセイレーンを結びつけることもできるかもしれない。いずれにしても、セイレーンの中には古代の、また土着の様々な神などが習合していると考えられるが、特に二股の人魚に関しては、自身の性器を見せてデメテルを笑わせたバウボや大地母神の像との類似が指摘される。[18] また、ロマネスクに多く見られるしゃがんだポーズの男女のペアのヴァリエーションともいえる、ワイルドマンのような男性と二股のセイレーンのカップルの例も多々あり（㉑・

㉑ セイレーンとグリーンマン？　パヴィア、サン・ミケーレ聖堂柱頭　12 世紀

㉒ セイレーンとワイルドマン？　パヴィア、サン・ピエトロ・チエル・ドーロ聖堂柱頭　12 世紀

㉒）、先に触れたベス・ベセト神とのつながりの可能性を感じさせる。

二股の尾を開いたポーズのセイレーンが性的な暗示も持つことは確かである。魚そのものが男性、女性のどちらを表すかは文化によって異なるが、きわめて性的なシンボルである。二股の尾を広げたセイレーンは、ロマネスクの聖堂のアーキトレーヴにも施され（㉓）、その下をくぐるものをあたかも彼女の胎内に迎え入れているように見える。鄙びた場所にあって、農民たちが通うこうした教区教会堂では、土着的な信仰とキリスト教の混交の中で、教会に誘われるものに新たな生命を与える大地母神のような存在としてのセイレーンが容認されていたのではないかとも想像させる。もちろん、キリスト教会にとって、セイレーンはあくまでも悪徳の寓意である。

㉓ 二股のセイレーン、ピエンツァ、コルシニャーノ教区教会堂アーキトレーヴ、12世紀

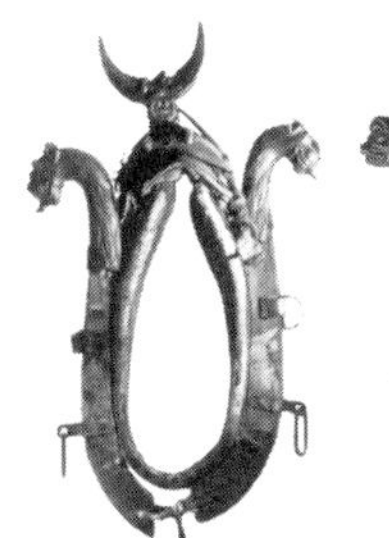

㉖ 月のついた鞅

㉕ セイレーンのついた鞅

㉔ 二股のセイレーン　コモ、サン・フェデーレ聖堂北側扉口のアーキヴォールト要石　13世紀

㉘ フェッラーリ社エンブレム

㉙ ランボルギーニ社エンブレム

㉚ アバルト社エンブレム

㉗ 三日月型の護符をつけた馬（マンテーニャ《馬を連れた従者たち》部分　1474 年　マントヴァ、ドゥカーレ宮殿夫婦の間）

尖塔形アーキヴォルトの先端にセイレーンが二股を広げているコモのサン・フェデーレ聖堂の扉口のような例（㉔）は、時代がずっと下るドイツ製のものだが、馬の鞅（むながい）の先端につけられたセイレーン（㉕）と酷似している。同じ頃のそり用の馬の鞅（むながい）で両側に獅子の頭、そして頂点に三日月がついたもの（㉖）もあるところから、セイレーンと三日月は同じ役割や意味を持っていたと考えられる。[19] セイレーンの二股の尾を弓のように広げた形は確かに三日月を連想させ、月の女神ディアーナとセイレーンは、あるいは交換可能なものだったかもしれない。

地中海世界では農耕用の動物や騎乗用の動物に三日月形の護符が使用された（㉗）。エルワージは十九世紀末のナポリで背に護符をつけていない馬はいないと書いているが、[20] それを考えると今の私たちが車に魔除けをつけるのはごく自然なことである。高級車のエンブレムは、もちろん車の作り手や会社の紋章ではあるのだが、あるいは護符の名残でもあるのかもしれないと思えてくる。注意して見てみると、フェッラーリやポルシェ、マスタングは馬、プジョーはライオン、マスタング同様動物の名そのものがつけられているジャガー、その他鳥の翼をあしらったものなど、動物のエンブレムが多い。馬の代わりの自動車なので馬は当然だとしても、動物たちの能力にあやかって車に速さや力強さを願ったのだろう。ポルシェの場合はシュトゥットガルト市の紋章に馬が描かれているからで、フェッラーリの場合には、第一次対戦の英雄パイロット、フランチェスコ・バラッカが自身の戦闘機に描いていた跳ね馬の図柄を使うことを、第二次世界大戦で英雄的な働きをしたエンツォ・フェッラーリが、バラッカの両親から許可されたという経緯がある（㉘）。ランボルギーニが雄牛なのは、創始者が牡牛座であり、かつ闘牛のファンであったためだ(㉙)。フェッルッチョ・ランボルギーニは自分のつくる車に次々に闘牛の牛の名前をつけていったという。サソリのエンブレムのアバルトも創始者がサソリ座だった(㉚)。自動車製造会社のエンブレムの歴史も、強い動物たちの力に憧れ兜を角で飾った戦士たちや、自身を加護してくれる星に頼りまじないを信じる心性からそれほど遠くはないだろう。

半月型の護符を身につけたのは動物ばかりではない。古代ローマでは自由民の少女たちはルーヌラと呼ばれる三日月形のペンダントを誕生後九日目から十二歳になる頃までつけた(㉛)。三日月はここではたしかに処女神であるディアーナと関係しているであろう。一方少年たち用には金銀や皮などで作った丸い巾着の形のブッラがあった。ブッラの中には時にファスキヌスのような生殖器を象った護符などが入れられ、鎖で首から下げられ、十六歳になるまで身につけたという(㉜)。ローマの騎兵たちは自分たちの馬を様々な装飾品で飾ったが、その中にはファスキヌス、ルーヌラ、そして雄牛の頭部を象ったものが数多くあった。

右：㉛ ルーヌラのついたネックレス　1世紀　ボルティモア、ウォルターズ美術館
左：㉜ ブッラのついたネックレス　オスティア出　前27-後14年　ヴァティカン美術館（グレゴリアーノ・エトルスコ美術館）

第8章

聖人の力

聖人の力

では、いよいよカトリックの聖人たちにお出ましいただこう。キリスト教諸宗派には聖人を崇敬するものがある。神を崇拝するのとは異なる崇敬という言葉などが使われるが、聖書の記述に基づくプロテスタントでは、聖人という概念そのものがなく、聖母マリア信仰についても、キリストを育てた母であるという見解は一致するものの、彼女に払われる尊敬の度合いはそれぞれの宗派で異なる。

キリスト教という一神教において、神でもない聖人たちや聖母マリアが崇敬されるのは、ひとえに彼らが人間と神との間を仲介してくれる存在だからであるはずだ。しかし、実際に行われている聖人崇敬が、今まで見てきたようなまじないや護符などとどのように異なるのか、その境目をはっきりさせるのは困難であろう。聖人の遺物に奇跡を起こす力があると考えることなどは、たとえその力が聖人自身に由来するものではなく、あくまでも天上の神からくる力であると説明されたとしても[1]、物神崇拝と危険なほど接近しているとも考えられる。いっぽう日本のように歴史上に実在した菅原道真のような人物を神と崇め合格祈願をする民族には、聖人信仰はそれほど不思議なものではないだろう[2]。

ローマ・カトリックの聖人の数には諸説あるが、数え方によっては八〇〇〇人ほどにも上るとも言われる[3]。新型コロナウィルスに関連して人々が頼った聖人の数もまた非常に多いだろうが、二〇二〇年の八月に医学や衛生学の専門家たちがSNSを通して行った調査で、あまたの聖人たちのなかから選ばれたベスト3について紹介しよう。この調査では、新型コロナの感染が広まってからどの聖人に加護を求めたかを、一万五八四〇人に問い（そのうちの九二パーセントはフランス人とイタリア人を中心としたヨーロッパの人々）、それに回答を送ったのは一一五八人であった[4]。

病気を治してくれるように人々が祈る救難聖人は通常一四人いると言われ、ことに悪疫から救ってくれる三大聖人は聖アントニウス、聖セバスティアヌス、聖ロクスの三人であるが、一五七六年のミラノのペスト流行期に検疫所を設け、看病のため聖職者を徴集し献身的な活動をした聖カルロ・ボッロメオのような聖人もいる。果たしてどのような結果だっただろうか。

まず第三位は、やはり聖セバスティアヌスであった（❶）。伝説ではセバスティアヌスは三世紀後半にガリアのナルボンヌに生まれ、ミラノで育ちディオクレティアヌス帝の近衛兵となった。キリスト教徒の友人たちの殉教に際し、彼らを勇気づけたかどで彼自身も捕らえられ、杭に縛られて体中に矢を受けたが、イレーネという女性に介抱されて一命を取り留める。ペストの原因はアポロの矢であるとされていたことから、体中に矢を射られても死ななかったセバスティアヌスはペストから救ってくれる聖人として崇敬された。身体中に受けた矢の傷がペストによる瘢痕にも見えるためとも言われる。

マントヴァのゴンザーガ家の宮廷画家アンドレア・マンテーニャが描いた聖セバスティアヌスの絵は少なくとも三枚残っているが、マンテーニャの死後もアトリエに残っていたという、おそらく最晩年に描かれた絵を見てみよう（❷）。ある時点でヴェネツィアの人文主義者ピエトロ・ベンボの手に渡り、彼のパドヴァの家にあったというこの絵は、現在はヴェネツィアのカ・ドーロにある。一五〇六年、マンテーニャが住んでいたマントヴァは飢饉とペストに襲われていたから、この絵が描かれたこととペストの流行は関係しているのかもしれない。聖セバスティアヌスを描く他の二枚と比

❶ ベノッツオ・ゴッツォリ《聖セバスティアヌスの殉教》1465年
サン・ジミニャーノ大聖堂

❷ マンテーニャ《聖セバスティアヌス》
1506年頃　ヴェネツィア、カ・ドーロ

❸ ろうそくと銘（マンテーニャ《聖セバスティアヌス》部分）

❺ ガスパル・ディアス《聖ロクスの前に現れる天使》1584 年　リスボン、サン・ロケ教会

❹ ペルジーノ《聖ロクス、聖ロマーノ、祝福する神》1477-48 年頃　デルータ市立絵画館

❻ ティントレット《ペスト患者を治療する聖ロクス》1559 年　ヴェネツイア、サン・ロッコ教会堂

べ、聖人の表情には苦悩がより色濃く現れている。第2章で見た《勝利の聖母》や第6章で見た《サン・ゼーノ祭壇画》にも描かれていた、珊瑚や水晶のビーズをつないだ鎖が天井からぶらさがっている。しかしセバスティアヌスが縛られたという杭は描かれていない。聖人の体を突き通す数多くの矢は様々な方向の直線を三次元空間の中に描き、幾何学的な印象を与える。足元の蠟燭には「神以外に不変なものはない。他はすべて煙のようなものだ（Nihil nisi divinum stabile est. Caetera fumus）」という銘が書かれている。それに呼応するかのように聖セバスティアヌスの髪の毛や腰にまかれた布も、文字通り風前の灯火となった蠟燭の消え入りそうな炎からたちのぼる煙も風になびいている（❸）。マンテーニャ自身はペスト感染を免れたものの、一五〇六年九月に他界している。ペストや飢饉の中、老境にあったマンテーニャ自身の死の直前に描かれたとすれば、この生の儚さを描いた絵は、ある種の「メメント・モリ」だったのかもしれない。

第二位もまた疫病から救ってくれる三大聖人の一人である聖ロクスであった（❹）。聖ロクス（一三四五／五〇～一三七六／七九）はフランスのモンペリエの出身だが、信仰心と慈悲の念に篤い両親がともになくなった二十歳の頃、財産を捨てフランシスコ会の一派に属しローマへの巡礼に旅立った。その途中でペストに罹患した人々を介護した。新型コロナウィルス蔓延の中、自らの危険を顧みずに医療に従事した方々には本当に感謝の気持ちしかないが、聖ロクスもそのような人だったのだ。彼は多くの患者に接しているうちに自身もペストにかかってしまった。他の人に迷惑をかけないように洞穴の中で病状が回復するのを待つ間に、天使が現れて彼を介護し、近所の家の犬が彼に毎日パンを届けたという（❺）。そうして聖ロクスの病は癒え、犬はそれからずっと彼と一緒だった。犬とのこの絆から、聖ロクスはペスト患者の守護聖人でもあるが、動物、とくに犬と巡礼者の守護聖人でもある。遺骨は一四八五年に彼が死んだヴォゲーラからヴェネツィアに運ばれ、現在はスクオーラ・グランデ・ディ・サン・ロッコ、つまり聖ロクスの同信会組合によって安置されている。一五一七年から建設された同信会組合の建物と付属教会堂には、ヴェネツィアの画家ティントレットの描いた一連の絵画もある（❻）。聖ロクスの図像は、ひょうたんや杖、帆立貝など聖ヤコブとよく似た巡礼者のいでたちをしているが、足にできたペストによる腫れものを見せるポーズを取っていることが多く、また犬を連れていることで区別できる。木造の彫像も多く作られ（❼）、多くの場合聖ヤコブの像と共に、山奥や辺境の教会堂まで足を運んだ巡礼者たちをねぎらってくれる。

聖セバスティアヌスと聖ロクスの二人の聖人は、よくペアとしてペストや他の感染症などからの救済を祈願される。おそらく一五一〇年のペスト収束に感謝する奉納品（ex voto）として描かれた、ヴェネツィアの巨匠ティツィアーノの若い時の作品でも、一番上にはヴェネツィアの守護聖人聖マルコが座し、画面左には救難聖人の中にも

❼《聖ロクス》 トゥールーズ大聖堂

❽ ティツィアーノ《玉座の聖マルコと聖人たち》1510-11 年
ヴェネツィア、サンタ・マリア・デッラ・サルーテ聖堂

❾ フランチェスコ・ペセッリーノ《聖コスマスと
聖ダミアヌス》1450 年代　パリ、ルーヴル美術館

入れられている医者の兄弟聖人コスマスとダミアヌスが描かれ、右に聖セバスティアヌスと聖ロクスがいる（❽）。ところで、ここでコスマスとダミアヌスのうちの一人は赤い服を着ている。十四から十六世紀のイタリアでは医者が赤い服を身につけることが多かったようで、とくにコスマスとダミアヌスは赤い服、赤い帽子を身につけた姿で描かれる(5)（❾）。徳井淑子氏によれば、このことは赤色が医師の治癒能力と結びつけられた護符としての性格を帯びていることを表しているのだという(6)。

第4章でも触れたように、ヴェネツィアも何度もペストに襲われた。ヴェネツィアは、一三四七年の初期ペストの時代に三人の行政監督を任命している。また一四二三年には、シエナの聖ベルナルディーノの助言に従って潟(ラグーン)と島々からなる地形を利用して、最初の伝染病隔離病院を現在ラッザレット・ヴェッキオ島と呼ばれている島（❿）に設立するなど、厳しい隔離政策を取るペスト対策の先進国だった。ラッザレットというのは、主にペストとらい病の患者を隔離収容する病院のことである。ラッザレットの語源については、「ルカの福音書」（16・19-31）に登場するらい病を患った乞食のラザロ（らい病患者の守護者）に由来するという説と、最初の隔離病院となったサンタ・マリア・イン・ナザレス修道院の Nazareth が変化して Nazzaretto、Lazzaretto となったという説がある。あるいはその両方が重なり合ったとも言われる(7)。サンタ・マリア・イン・ナザレス修道院は、もともとは聖地から帰還する巡礼者たちを宿泊させる場所で

❿ ラッザレット・ヴェッキオ

あった。一四八六年にはよりシステマティックな感染予防対策を講じるため、感染の可能性のある物資の検査をするための倉庫が、別のラッザレット・ヌオヴォ島に建てられた。しかし、一五七六年、ヴェネツィアで最も感染が拡大した年には人口の四分の一が失われ、ティツィアーノ自身もペストで亡くなった。ちなみに検疫ということばは英語だと quarantine だが、これの元はヴェネツィア方言で四〇日を意味する quarantena であるということをご存知の方もいらっしゃるだろう。これは十四世紀にペストが流行した際に、船内に感染者がいないことを確認するため、疫病の潜伏期間の間、疑わしい船を停泊させる法律に由来する。十四世紀にはクロアツィアやラグーザなどに入る船を三〇日間隔離したが、一四四八年からはヴェネツィアが三〇日から四〇日に延ばしたという。

さて、第一位の聖人は誰だったのだろうか。意外なことに、「アントニウスの火」ともよばれる麦角菌によるヘルペスの一種から救ってくれる聖人として有名な聖アントニウス（⓫）や、ミラノでペスト患者のために尽くした聖カルロ・ボッロメオ（⓬）や、通常病気の際に祈願される他の聖人ではなく、ウンブリア州のカッシャの聖リータ（一三八一〜一四五七）（⓭）であった。ウンブリアには友人が住んでおり、何かというとその御両親やお婆さんがこの聖人の名前を出して祈るのを見ていたが、正直なところ、ローカルな一聖人に過ぎないという印象だった。

このダークホース、聖リータはウンブリア地方、ペルージャ近郊のロッカポレーナに生まれ、ウンブリアのカッシャで没した。幼い頃から修道女になりたかったが両親はそれを許さず、彼女は結婚させられた。しかし夫は暴力的な人間で、彼女の忍耐によってようやく改心したものの、過去に犯した行為によって恨みを買い、殺されてしまう。また二人の息子も父の死後まもなく病に倒れた。これはリータが、息子たちが父親の復讐をくわだて手を血に染めないよう神に祈ったからだと言われている。未亡人になった彼女はアウグスティヌス会の修道院に入ることを切望するが何度も断られた末、ようやく一四〇七年に入会が認められた。リータは修道院の戒律を守り敬虔な修道生活を送っただけではなく、カッシャの街の貧しい人々や病人に尽くした。ある年の聖金曜日に十字架磔刑像の前で祈っていると、彼女は像のキリストの荊の冠から棘が飛んできて額にささるという幻想に襲われた。実際彼女の額には傷ができており、その傷は死ぬまで癒えなかったという(8)(⓮)。

カトリック教会は一九〇〇年になって彼女を列聖したが、その理由となったのは、天然痘で

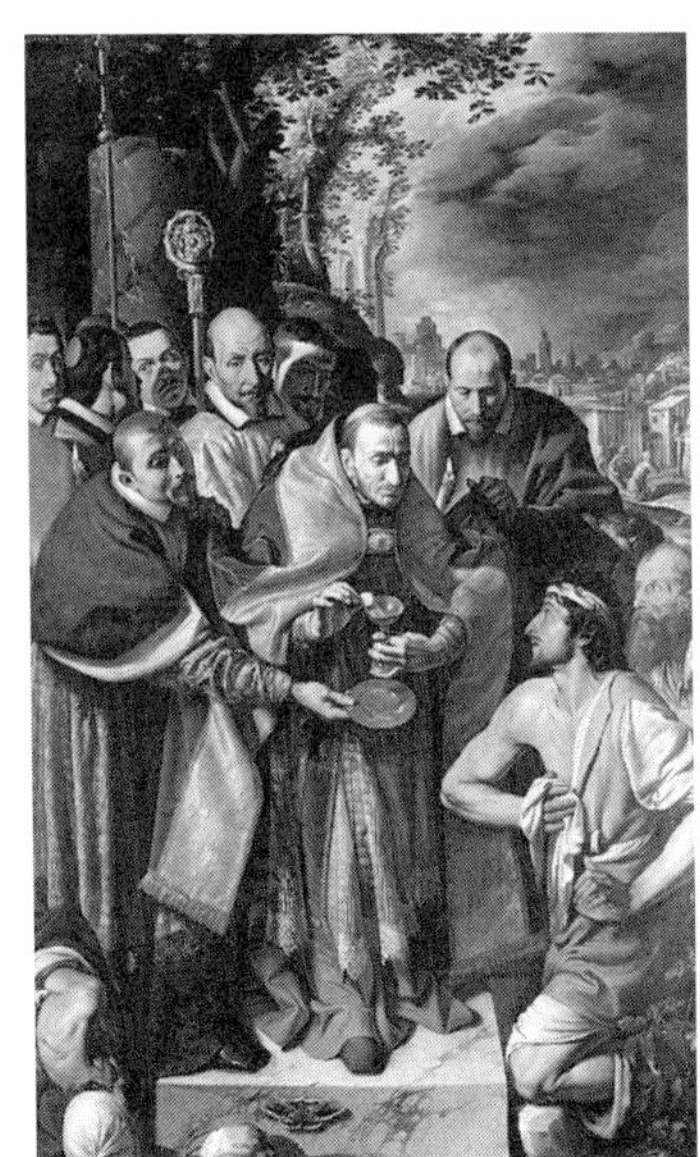

右：⓫ ピサネッロ《聖母子、聖アントニウス、聖ゲオルギウス》1445年　ロンドン、ナショナル・ギャラリー
左：⓬ タンツィオ・ダ・ヴァラッロ《ペスト患者に聖体拝領を行う聖カルロ・ボロメオ》1616年頃　ドモドッソラ参事会教会堂

⓭ カッシャの聖リータ（聖リータの棺に描かれた肖像　1457 年　カッシャ、聖アウグスチノ女子修道院）

⓮ 額に十字架上のキリストの荊の冠の棘を受ける聖リータ（1911 年　ローマ、サンタ・リータ・ダ・カッシャ・アッレ・ヴェルジニ教会）

死ぬ間際だった少女を救ったなどのいくつかの奇跡を起こしたことである。不幸な女性たちの守護聖女であるとともに、治癒不可能な病からの救済を行ってくれると信じられ、絶望した時に名前を呼ばれる最後の頼みの綱なのだ。

天然痘や不可能な病から救ってくれるとはいえ、知名度において他には劣るこの聖女が第一位の座に輝いたのは、この調査が行われた二〇二〇年の八月には、イタリアでもフランスでも、まだワクチンの見通しもたっておらず、まさに人々は絶望的な気持ちだったからなのかもしれないと説明されている[9]。

しかし、私自身はこの聖女が頭にキリストの荊の冠の棘を受けたということが関係しているのではないかと思う。その形状から冠（コロナ）という名のついたコロナウィルスに怯える人々がキリストの冠＝コロナの棘で自身が傷つきながらも神に仕え、献身的に人々に尽くしたこの聖女の中に医療従事者の方々の姿を見たことで、改めて聖リータが注目されたのではないだろうか。

南米からヨーロッパに渡ってきた植物の中にパッションフラワー（*Passiflora caerulea*）がある（⑮）。日本のトケイソウという名は、三つ

⑮ 正面から見たトケイソウ

⑯ パッションフルーツ

に分裂した雌しべが長針、短針、秒針のように見え、円形に並んで放射状に配置された花びらが文字盤に見えることに由来するが、十六世紀に南米に渡ったイエズス会の宣教師たちは flos passionis、すなわち受難の花という名をつけた。この花がキリストの受難を連想させるからだ。副冠はキリストが被せられた荊の冠を、一〇枚の花弁と萼が十二使徒のうちの一〇人を、まきひげが鞭を、三つの雌しべはキリストを十字架に打ち付けた釘を表し、五つの葯はキリストが十字架上で受けた五つの傷を表していると考えた。そして中心に立つ子房柱は十字架を暗示する。果物として食べられるパッションフルーツも、同じトケイソウ属の一種（⑯）だが、日本では果物や観賞用として一般的なトケイソウを見て、キリストの受難に思いを馳せる人はほとんどいないだろう。人類学者フレーザーの言う「模倣呪術」は「似たものは似たものを生み出す」という類似の原理に基づくものだが、人間の連想は属する文化によって大きく異なることもある。[10] 人間の象徴作用の一側面であるまじないや護符は、人間の文化の多様性と普遍性を映し出す鏡なのである。

終章

ペスト菌が発見されたのは一八九四年ペスト流行下の香港であった。一般に発見者として知られ、学名「エルシニア・ペスティス」にも名を残すのはフランスのエルサンであるが、実は北里柴三郎がそれよりも一週間早くペスト菌を発見していたのだという。[1] 北里柴三郎は、患者の家にネズミの死体が多いことにも気がつき、ネズミを駆除することでペストを予防できると指導したそうである。ペストの病原体がわからなかった時代と違って、新型コロナウィルスについて科学的な情報を得られるようになった今でも、人間は縁起を担ぎ、まじないや護符などに頼っている。もちろん新型コロナウィルスが一気に拡大した二〇二〇年の春には、まだ感染力の強さや感染経路も明らかではなかった。しかし治療法や感染対策法もわかり、ワクチンも開発された現在でも、マスクをすることや人との接触を控えることが結局のところ日常における最大の予防であるというのは、ペストの時代とあまり変わっていないようにも見える。

ウィルス学の専門家加藤茂孝氏は、人間は得体の知れないものに怯えてパニック状態になると、神仏祈願、逃避、魔女狩りに走ると言っている。[2] ボッカッチョが『デカメロン』で描いたように、ペストの時代に現実逃避する人々が刹那的な欲望に身を任す気持ちはわからないでもないが、魔女狩り・ユダヤ人迫害・関東大震災時の朝鮮人殺害（近年の熊本地震の際にも朝鮮人が毒をまいたというフェイクニュースがSNSで流された）などというスケープゴート探しは、決して繰り返してはならない人間の愚行である。しかし、本書で見て来たような護符やまじないに頼る気持ちは、必ずしもパニックが引き起こす、愚かな、あるいは原始的な心性というわけではあるまい。呪術的な世界やそこで起こる出来事は、現代の文明を生きるわれわれが「現実」であると思っている世界とは別の種類の「現実」であるとイタリアの人類学者エルネスト・デ・マルティーノは言っている。

それら〔超常的な出来事〕は呪術の歴史的文化的秩序にむすびついた別種の現実の形態なのであり、現在意識がすでに与えられているできごとの世界のなかで保護を得て存在しているわれわれの文明の特徴的な性格とは無縁のものなのである。[3]

現代社会の私たちは、この世界が破滅するだの、自己の存在や意識が消滅してしまうだのという危機感に襲われることもなく、そこから救済されるための呪術のドラマも一般的には必要としてはいない。しかし近年ますます巨大化し、頻繁化する災害によって、そして新型コロナウィルスのような感染症によって、私たちは人間がいかに儚い存在であるのかを思い知らされている。デ・マルティーノは「実はわれわれのほうこそが呪術的世界における魔法信仰に根拠を与えている現実のドラマ、すなわち、現存在が現存在でなくなる危険に陥るというそのドラマを見失ってしまっているのだということに気づかないでいる」と言う(4)。

たとえば「邪視」という概念は、突出した幸運(すなわち「ツキ」)の持ち主への嫉妬の念に関わっているが、これはある社会集団にとって必要なものでもあった(5)。たとえばナポリやローマなどであれば邪眼の持ち主は特別な職業に就く著名な人物であることが多い(碩学の誉れ高きイギリス文学者マリオ・プラーツも邪視を投げかけて不運をもたらす人 jettatore と呼ばれていた(6))が、サルデーニャの村落では邪視をもたらす人は特定されないという。他よりも豊かであったり幸運であったりするある家や人物をなんらかの不運が襲うとき、それは彼らの幸運を嫉妬して邪視が注がれたために起きたと解釈される。しかし邪視が誰によって投げかけられたのかは問われないというのだ。つまり小さな村落において突出して裕福な家や人物が現れないように働く力、すなわち逸脱に対する制裁、平準化として「邪視」という概念が説明されるのである(7)。「ツキ」や邪視は個人間や集団間の社会的相互関係の中でも理解されるべき概念なのだ。

また、病気平癒などを願う呪術は、ケアや癒しとも結びつけられる。小川公代氏は、宗教社会学者チャールズ・テイラーをひいて、近代的な「自立した個」すなわち「自分自身を決して脆弱ではない存在者として、つまり、自らを事物の意味の所持者であると理解することができる」人間と、「自己がつねに霊性を帯び、それが内的世界と外的世界とを行き来するような、近代では希薄になっている通気性の良い自己」すなわち「多孔的な自己」を対比させて、後者は他人にも想像力が及ぶ、高い共感力を持つ存在であり[8]、今の時代に必要な内面世界を包括する「ケア」を行える人間だとする[9]。デ・マルティーノの言う「自己存在の消滅の危機感のない近代人」とは対照的な、呪術的世界での救済者や癒しの与え手もまた、ケアの根底にある想像力や共感力の持ち主であると言えるのだろう。

新型コロナウィルスの時代の人々のまじないへの回帰とでも言える現象を端緒に、とくにイタリアで信じられている災厄を退ける護符や、疫病からの救いの祈願などを見るなかで、いろいろなことに気づかされた。まず、護符やまじないは全く非科学的な迷信にすぎないのではなく、ある程度科学的根拠を有しているということだ。ルネサンス以降に魔術から科学へと変化していった諸科学のうち、特に植物学・鉱物学・地質学においては、中世の本草書、百科全書などとは一線を画して、科学的知識と技術的知識の融合が努力されていたとはいえ[10]、植物・動物由来のものや鉱物の薬効についての知識は、古より人間が蓄積してきたものの上に成り立っている。生活の中での実体験に基づく知恵だ。しかしそうした知識は、次第にキリスト教においては異端とみなされ、近代科学の発達によってもまやかしとみなされた。中世というよりはむしろ十七世紀以降に猖獗(しょうけつ)を極めた西洋の魔女狩りでも、魔女の咎で捉えられた女性の多くは、薬草を使って民間的治療を行う人たちだったが、彼らが弾圧された本当の理由は異教性や科学的根拠の欠如ではなく、避妊、堕胎などの生殖を教会や国家ではなく女がコントロールすることが不都合だったからだと言える。思えばメドゥーサも、アテナ神殿でポセイドンに凌辱されたことで怪物に変えられてしまったのだった。アテナが怒りを向けて罰すべきは被害者のメドゥーサではなくポセイドンだったはずなのに、怪物にされてしまうのは、たいてい女たちなのである。

そのメドゥーサの血から生まれたという珊瑚が遠く地中海から日本にまで入ってきたように、ものの移動ははるか昔から続いていた。そのことも本書を執筆する中で改めて認識した。しかし、その移動のスピードは過去とは比べものにならない。イタリアの邪視除けのおまじないが移民によってアメリカ大陸に運ばれ世界のロックンロールのシンボルになってしまう現代のグローバル世界は、一方で感染症を世界中に猛スピードで拡散してしまった。ペストが日本でほとんど流行しなかったのは、北里柴三郎らの衛生指導の賜物でもあるが、日本が島国であるお蔭でもある。しかし今や海を越えて人や物が行き来するのを止めることはできない。日本政府の水際対策で、日本に留学を希望していた学生、こちらから海外に留学を希望していた学生のほとんどが断念せざるを得なかったが、今また人の交流、文化の交流を再開させることが強く求められている。今後も起こりうる感染症の流行の中でも感染を防ぎつつ人流を作るという難しい課題にチャレンジしていくしかないだろう。

しかし今後経済復興をするにしても、今までと同じように地球環境を考慮しない開発や発展はあり得ない。マスクなしで音楽や美術を楽しみ、語らいながら皆で食事ができる生活は何にも代えがたいし、地産地消がよいと知りながら、イタリア産の材料を使ったイタリア料理や本場の味のジェラートだって食べたい。美しい珊瑚だって手に入れたいかもしれない。しかし、それが地球の貴重な資源を枯渇させ、海を汚し、気候変動を加速させてはならない。そして世界中の人々が同じような豊かさを享受できるようでなければならない。

二〇〇〇年前のプリニウスは人間の奢侈を憂い、その批判に多くの頁を割いた。自然が時間をかけて作り上げた見事な真珠を酢に入れて一瞬で溶かしてしまい、一晩の宴に膨大な金を費やしたというクレオパトラ。象牙を求めるあまり、サハラ砂漠にいた小型の象を絶滅させたローマ人。珊瑚もプリニウスの時代にはすでに希少になっていた。縁起かつぎやまじないには、今の人間が忘れてしまった自然や人知を超えるものへの畏怖が現れている。自然はウィルスや地震や津波のような災害ももたらすが、人間は地球という自然環境から海の幸、山の幸を贈られて、生かされてきたことは容易に忘れてしまうのだ。宝石珊瑚は成長するのに非常に時間がかかる（一ミリ成長するのに五〜一〇年かかる）ため、太平洋や日本近海でも枯渇が心配されている。沖縄では辺野古の珊瑚移植について問題になっているが、造礁珊瑚には海の生物の四分の一の種が棲み、また二酸化炭素を吸収してくれるため、珊瑚がなくなると生物多様性は失われ、温暖化がさらに進むという。沖縄の島々自体が珊瑚礁でできている。日本は宝石珊瑚や珊瑚礁の分布の北限域で、珊瑚礁を有する数少ない先進国の一つだそうだが、このまま温暖化が進むと珊瑚は白化して、日本近海の珊瑚は死滅してしまうかもしれない。実際二〇二二年の夏には沖縄近海の珊瑚の白化現象が加速した。地中海も海水の温度上昇で珊瑚の生育が危ぶまれているという。宝石珊瑚を産するミッドウェイ海域は、太平洋ごみベルトの中に位置し、日本が出した大量のプラスチックごみもその地域の野生生物や海洋環境に甚大な被害をもたらしている。

この原稿を書いている最中の二〇二二年六月に、ミラノのデザイン見本市サローネ・デル・モービレを見て来た。勤務する大学のデザイン・工芸専攻の若手作家たちが大学部門に選出されていたのだが、コロナ感染症拡大で二年延期になっていたのだ。サローネの若手部門の二〇二二年のテーマは「サステナビリティ」であった。若いデザイナーたちに期待される、「使い捨て」ではない持続可能なデザインが、私たちの生き方をどう変えていくだろうか。新型コロナウィルス感染拡大初期には観光客の減少でヴェネツィアの運河が綺麗になったというニュースがあった。毒の入った水をその角で浄化してくれるというユニコーンの役は、今後はわれわれ自身が担っていかねばならない。

人新世という言葉を耳にするようになった今、人類の活動が地球規模で環境に影響を与えている事態に一刻も早く歯止めをかけねばならないという認識が広まった。新型コロナウィルスによって否応なく立ち止まらされたことで、私たちが気づかされたことは確かに多かった。この気づきを糧に、呪い（まじない）の文化からも見えてくる自然を尊び共感や癒しへと向かう「真の知恵」に少しでも近づこうとするチャンスを私たちは与えられたのだ。

あとがき

二〇二〇年一月三十日にＷＨＯによって出された国際的緊急事態宣言は三年三ヶ月たって解除された。この期間中、いつ何をしたのか、どのように日々を過ごしていたのか、よく覚えていないという人は多い。いつもとは異なる不思議な時間の流れだったと多かれ少なかれ皆が思っているのではないだろうか。多くの尊い命が感染症で失われ、パンデミックの影響は人々の暮らしや心身に様々な影響を与えた。

仕事のあり方も大きく変わった。筆者の場合はＩＴ音痴であろうが何だろうが問答無用で大学の授業をリモートで行う必要性に迫られた。職場の環境も一気にＩＴ化が進み、沖縄からはなかなか気軽に参加できない学会や研究会に、海外のものも含めてリモートで参加できるようになったのは実に画期的であった。パンデミックのもたらした、思わぬ恩恵であったと言える。この本を書くにあたってそうした数々の研究会からヒントをいただいた。また本書の元になったのも、沖縄県立芸術大学比較芸術学専攻の一般向けのアートレクチャーである。通常は学内で対面開催されるのだが、新型コロナウィルス感染防止の観点から、三年間オンデマンドで配信する方式をとった。レクチャーの動画を作るにあたり、また原稿執筆の段階で筆者の質問に丁寧にお答えくださった、中央大学の渡邉浩司先生、当時同僚であった琉球大学の麻生伸一先生、中部大学の中山紀子先生、同僚の金惠信先生、藤田喜久先生、美術史家の新保淳乃さん、翻訳家の中山エツコさん、また、写真を提供してくださった美術家の百瀬文さん、さくら組の西川あきおさん、Sex Machineguns さん、トルコロカンタ・ケレベッキの越田御夫妻や友人の皆様、動画を見て様々なコメントをくださった皆様、本書の装丁を手がけてくれた妹にこの場を借りて御礼申し上げたい。

そして最後になったが、八坂書房の三宅郁子さんには図版の入手・整理も含め煩雑な仕事を一手に引き受けていただき、一方ならずお世話になった。実は三宅さんとはイタリア在住の現社長の御令妹の歩さんを通じて、随分昔から『怪物事典』の翻訳などの企画をご相談していたが、ひとえに筆者の怠慢によって実現できないままでいた。今回この本の企画を「図版てんこもりでいきましょう！」と嬉しいお言葉で快く受け入れてくださり、心から感謝している。八坂書房はもともと植物学の本の出版から始まったと伺っているが、現在のラインナップは植物にとどまらず博物誌的な著作や神話・護符など本書に関係する諸分野であり、本書執筆にあたって参考にした本の多くが八坂書房のものであった。この小書がその仲間入りをさせていただけるのは、この上ない喜びである。

浅学たる筆者一人の知識は学術的また地域的に広大な領域をカバーするには程遠く、本書で取り上げるのは筆者個人の経験やネットワークにひっかかったごくわずかのものである。様々不備があるものと思うが、専門家諸氏そして読者のみなさまのご批判ご指摘を賜りたい。

新型コロナウィルスの世界的蔓延に多くを学んだはずの人類が新たな舵を切ろうとしている矢先に起こったロシアによるウクライナ侵略は、今も続いている。これ以上命と地球環境を破壊して一体何を得ようとしているのだろう。人間が地球とそのすべての住民と共に生き延びるためにこそ、古来の知恵が見直され、最新科学から得られた新知見が生かされる、そうした未来への祈りを込めて筆を擱くことにしたい。

二〇二三年六月　オスプレイが上空を飛ぶ首里の寓居にて

尾形希和子

＊本書は令和四年度科学研究費補助金（基盤研究C）「人魚の表象の領域横断的研究：神話からグローバル社会まで」（課題番号 22K00149　研究代表者　尾形希和子）による研究成果の一部である。

図版出典・提供者

1-4 *Cesare Ripa Iconologia*, Piero Buscaroli (ed.), TEA, Milano, 1992, p.3 ／ 1-5 Sailko CC BY 3.0 ／ 1-6 ヴィンチェンツォ・カルターリ『西洋古代神話図像大鑑』八坂書房、p.301 tav.41 ／ 1-8 Marie-Lan Nguyen CC BY 2.5 ／ 1-10 © さくら組西川あきお／ 1-11 Sailko CC BY 2.5 ／ 1-12 ©Litchi ／ 1-13 Ronnie James Dio, *Rainbow in the Dark: The Autobiography*, Permuted Press, 2021 ／ 1-15 スタン・ハンセン『魂のラリアット』双葉社、2000 年／ 1-24 Didier Descouens CC BY-SA 4.0 ／ 1-26 Thomas Mirtsch CC BY-SA 3.0 ／ 1-28『貴婦人と一角獣展』NHK プロモーション、2013 年、64 頁／ 1-33 https://archive.org/details/StuttgarterPsalter_966/mode/2up ／ P.40 上 ©SMG ／ P.40 下 Neil Gandhi CC BY 2.0

2-10 RamiAubourg CC-BY-SA 4.0 ／ 2-11 ©Yoruno CC BY-SA 3.0 ／ 2-13･14 宮内庁ホームページ／ 2-15『尚家継承文化遺産』那覇市文化局歴史資料室編、1997 年、7 頁／ 2-16『琉球王朝の秘宝』那覇市歴史資料室編、2004 年、78 頁／ 2-26 禁縄/とうがらし、韓国民族文化大百科事典 Encyclopedia of Korean Culture URL https://encykorea.aks.ac.kr/Article/E0008002

3-1『パノラマバイブル』日本聖書協会、2005 年、44 頁／ 3-4 Sailko CC BY 3.0 ／ 3-5 Janmad CC BY-SA 3.0 ／ 3-7 Library of Congress, Washington, D.C.

4-1 *Der Wiener Dioskurides*, 1, Akademische Druck-u. Verlagsanstalt, Graz, 1998 ／ 4-2 Celia Fisher, *The Medieval Flower Book*, The British Library, 2007, p.65 ／ 4-3 © 小池寿子／ 4-7 Wellcome Collection CC BY 4.0 ／ 4-8 *The Medieval Flower Book*, p.21 ／ 4-12 *Tacuinum sanitates in medicina*, Akademische Druck-u. Verlagsanstalt, Graz, 2004 ／ 4-16 Arnaud 25 CC BY-SA 4.0 ／ 4-21 © 小澤浩／ 4-23 Tracy CC BY 2.0 ／ 4-25 クリス＝レッテンベック・レンツ、リーゼロッテ・ハンスマン『図説 西洋護符大全』八坂書房、2014 年、149 頁／ 4-29 *The Medieval Flower Book*, p.9 ／ 4-30 *Der Wiener Dioskurides* ／ 4-34 Calum Tomeny CC BY 3.0 ／ 4-41 https://archive.org/details/StuttgarterPsalter_966/mode/2up ／ 4-42 *Le Biccherne*, Roma,

Ministero per i beni culturali e ambientali, 1984, p.143 ／ 4-43 *Cesare Ripa Iconologia*, p.3 ／ 4-44 *Napoli ai tempi di Masaniello*, Brigitte Dapra(ed.), Electa, Napoli, 2002, pp.152-153, cat. 67 ／ 4-46 © 百瀬文

5-2 Mary Harrsch CC BY-SA 4.0 ／ 5-3 青柳正規監訳『エトルリア文明展　最新の発掘と研究による全体像』朝日新聞社、1990 年、60 頁／ 5-4 座光寺悦子『古代へのいざない コインジュエリー（ギリシア編）』牧歌社、2010 年、26 頁／ 5-5 Sergey Sosnovskiy CC BY-SA 4.0 ／ 5-12 F.T. エルワージ『邪視』リブロポート、1992 年、140 頁／ 5-16 本村凌二他監修『古代カルタゴとローマ展 きらめく地中海文明の至宝』東映株式会社、2009 年、46 頁／ 5-17 Mathiasrex CC BY-SA 3.0 ／ 5-19 麻生伸一・茂木仁史編『冊封琉球全図　一七一九の御取り持ち』国立劇場沖縄監修、雄山閣、2020 年、8 頁／ 5-20 Hervio ricina CC BY-SA 4.0 ／ 5-21 馬場恵二『癒しの民間信仰 ギリシアの古代と現代』東洋書林、2006 年、口絵 1 ／ 5-24・25・26 © 越田公彦

6-1 ©Eugenio Goi ／ 6-9 Sailko CC. AS3.0 ／ 6-14 Umberto Sansoni, *Il nodo di Salomone. Simbolo e archetipo d'alleanza*, Milano, Electa, 1998, p.29 ／ 6-15 同前 p.195 ／ 6-24 同前 p.87, fig. 93 ／ 6-38 Carlo Ribaudo, *Anagni*, Pro Loco, Anagni, 1989, p.21 ／ 6-44 左 © 沖縄コンヴェンションビューロー／ 6-43 沖縄県立博物館・美術館

7-3 SashaCoachman CC BY-SA 3.0 ／ 7-7 Pryderi CC BY-SA 3.0 ／ 7-8 *Potere e pathos. Bronzi del mondo ellenistico*, Prato, Giunti, 2015, p.107 ／ 7-14 Sailko CC BY 3.0 ／ 7-15『邪視』334 頁 ／ 7-16 Adriana Gandolfi, *Amuleti. Ornamenti magici d'Abruzzo*, Pescara, Edizioni Tracce, 2003, p.105 ／ 7-19 石鍋真澄監修『メディチ家の至宝 ルネサンスのジュエリーと名画』TBS テレビ、2015 年、125 頁／ 7-20 同上 129 頁／ 7-25・26『図説 西洋護符大全』332 頁

8-6 Didier Descouens CC BY-SA 4.0 ／ 8-10 Chris73 CC BY-SA 3.0 ／ 8-15 Kuribo CC BY-SA 3.0 ／ 8-16 SUGURI_F CC BY-SA 3.0

主な参考文献

アルベルトゥス・マグヌス『大アルベルトゥスの秘法』立木鷹志訳、河出書房新社、1999 年

アンジェラ、アルベルト『古代ローマ人の愛と性』関口英子・佐瀬奈緒美訳、河出書房新社、2014 年

伊藤亜紀『色彩の回廊—ルネサンス文芸における服飾表象について』ありな書房、2002 年

井本恭子「サルデーニャの村落と ocru malu —ひとつの人類学的解釈—」『大阪外国語大学論集』第 21 号、1999 年

ヴァルテール、フィリップ『英雄の神話的諸相 —ユーラシア神話試論 I —』渡邉浩司・渡邉裕美子訳、中央大学出版部、2019 年

———『ユーラシアの女性神話 —ユーラシア神話試論 II —』渡邉浩司・渡邉裕美子訳、中央大学出版部、2021 年

エリアーデ、ミルチャ主編、ローレンス・E・サリヴァン編『エリアーデ・オカルト事典』鶴岡賀雄・島田裕巳・奥山倫明訳、法藏館、2002 年

エルワージ、F.T.『邪視』奥西峻介訳、リブロポート、1992 年

『オウィディウス変身物語（上）』中村善也訳、岩波書店、1981 年

大城道則『古代エジプト　死者からの声　ナイルに培われたその死生観』河出ブックス、2015 年

太田泉フロランス「地中海の《癒し》8：香り」『地中海学会月報』448、2022 年 4 月、8 頁

大槻真一郎『西欧中世宝石誌の世界 —アルベルトゥス・マグヌス『鉱物書』を読む』澤元亙編、八坂書房、2018 年

大槻真一郎『『サレルノ養生訓』とヒポクラテス　医療の原点』澤元亙監修、ヒーリング錬金術①、コスモス・ライブラリー、2017 年

大槻真一郎『中世宝石賛歌と錬金術 —神秘的医薬の展開』澤元亙監修、ヒーリング錬金術②、コスモス・ライブラリー、2017 年

大槻真一郎『西洋本草書の世界　ディオスコリデスからルネサンスへ』澤元亙編、八坂書房、2021 年

小川公代『ケアの倫理とエンパワメント』講談社、2021 年

尾形希和子『教会の怪物たち　ロマネスクの図像学』講談社選書メチエ、2013 年

尾形希和子「驚異から警告まで —西洋の怪物表象」徳田和夫編『東の妖怪・西のモンスター —想像力の文化比較』勉誠出版、2018 年

加藤茂孝「ペスト —中世ヨーロッパを揺るがせた大災禍」『モダンメディア』56 巻 2 号、2010 年

加藤茂孝『続・人類と感染症の歴史 ―新たな恐怖に備える―』丸善出版、2018年
ギンズブルグ、カルロ『夜の合戦』上村忠男訳、みすず書房、1986年
岸本良彦「ディオスコリデス『薬物誌』全5巻序文」『明治薬科大学研究紀要（人文科学・社会科学）』41、2011年、1-6頁
岸本良彦「ディオスコリデス『薬物誌』第1巻（修正版）」『明治薬科大学研究紀要（人文科学・社会科学）』41、2011年、7-52頁
岸本良彦「ディオスコリデス『薬物誌』第5巻」『明治薬科大学研究紀要（人文科学・社会科学）』41、2011年、53-88頁
喜多村明里「《サン・ゼノ祭壇画》―〈叡智の幕屋〉としてのタベルナクルム祭壇」『イメージの探検学II 祭壇画の解体学　サッセッタからティントレットへ』ありな書房、2011年
クリス＝レッテンベック、レンツ、リーゼロッテ・ハンスマン『図説　西洋護符大全』津山拓也訳、八坂書房、2014年
クンツ、ジョージ・フレデリック『図説　宝石と鉱物の文化誌［伝説・迷信・象徴］』鏡リュウジ訳、原書房、2017年
小池寿子『描かれた身体』青土社、2002年
小林晶子「マルボドゥス『石について』の解説とラテン詩全訳」『明治薬科大学研究紀要（人文科学・社会科学）』20、1990年、1-44頁
小林晶子「『リティカ』―解説と全訳―」『明治薬科大学研究紀要（人文科学・社会科学）』21、1991年、1-61頁
小松和彦『神になった日本人』中公新書ラクレ、2020年
小松和彦『憑霊信仰論』講談社学術文庫、1994年
斎藤たま『まよけの民俗誌』論創社、2012年
『冊封琉球全図　一七一九の御取り持ち』麻生伸一・茂木仁史編、国立劇場沖縄監修、雄山閣、2020年
シービンガー、ロンダ『植物と帝国』小川眞里子・弓削尚子訳、工作社、2007年
シュミット、ジャン＝クロード『中世の迷信』松村剛訳、白水社、1998年
ゼール、オットー『フィシオログス』梶田昭訳、博品社、1994年
デ・マルティーノ、エルネスト『呪術的世界　歴史主義的民俗学のために』上村忠男訳、平凡社、1988年
徳井淑子『色で読む中世ヨーロッパ』講談社選書メチエ、2006年
中山紀子「邪視と村の精神世界　トルコ西黒海地方から」『民衆のイスラーム　スーフィー・聖者・精霊の世界』赤堀雅幸編、山川出版社、2008年、139-167頁
難波恒雄「東西をむすぶ香り」『フローラ』1987年夏号、65-67頁
西村佑子『魔女の秘密展』中日新聞社編、2015年
馬場恵二『癒しの民間信仰　ギリシアの古代と現代』東洋書林、2006年

ヒルデガルト・フォン・ビンゲン、プリシラ・トループ英訳『聖ヒルデガルトの医学と自然学』井村宏次監修、聖ヒルデガルト研究会訳、星雲社、2005年
ピッツォルノ、ビアンカ『ミシンの見る夢』中山エツコ訳、河出書房新社、2021年
藤田安二「ウイキョウの古名の起源とその分布」『香料』No.115、1976年、45-47頁
藤田安二「オオウイキョウについて」『香料』No.116、1976年、63-66頁
フリーマン、マーガレット・B『西洋中世ハーブ事典』遠山茂樹訳、八坂書房、2009年
『プリニウスの博物誌』縮刷版、I-VI巻、中野定雄・中野里美・中野美代訳、雄山閣、2012年
『プリニウス博物誌　植物篇』大槻真一郎責任編集、1994年、八坂書房
『プリニウス博物誌　植物薬剤篇』大槻真一郎責任編集、2009年、八坂書房
ベーア、R.R.『一角獣』和泉雅人訳、河出書房新社、1996年
マクビカー、ジェッカ『オーガニックハーブ図鑑』吉谷桂子監修、石黒千秋訳、文化出版局、2013年
宮下遼「民間信仰を売る―トルコの邪視除け護符ナザル・ボンジュウ」『この世のキワ』（アジア遊学）、勉誠出版、2019年、308-321頁
『メディチ家の至宝　ルネサンスのジュエリーと名画』石鍋真澄監修、TBSテレビ、2015年
森結「ルカ・シニョレッリ作《フィリーッピーニ祭壇画》に関する一考察」（修士論文）2014年、48-50頁
山崎明子・黒田加奈子・池川玲子・新保涼乃・千葉慶『ひとはなぜ乳房を求めるのか　危機の時代のジェンダー表象』青弓社、2011年
山里純一『沖縄のまじない　暮らしの中の魔除け、呪文、呪符の民俗史』ボーダーインク、2017年
山辺規子「中世ヨーロッパの『健康規則』、公衆衛生と救済」『歴史学研究』No.932、青木書店、2015年
山辺規子「中世ヨーロッパの健康書『タクイヌム・サニターティス』の項目の比較」『奈良女子大学文学部　研究教育年報』第11号、2014年
吉田集而「香りの外交官　香辛料のピジン・クレオール化」『フローラ』1987年夏号、68-75頁
吉田集而「人類の宝もの　香料植物の過去・現在・未来」『フローラ』1987年夏号、89-93頁
リベリーノ、バシリオ『珊瑚』斎藤真理子訳、アナリジ社、1986年
『ローランの歌　狐物語（中世文学集II）』佐藤輝夫訳、ちくま文庫、1986年
渡邊浩司「『ブルターニュの短詩』にみられる『口承性をめぐる考察』」中央大学人文化学研究所編『ケルトー口承文化の水脈』、中央大学出版部、2006年

WEB

「サンゴ礁 Q&A」Japanese Coral Reef Society　http://www.jcrs.jp/wp/?page_id=622（最終閲覧 2023 年 1 月 30 日）

「角笛のレー 1. 原文と日本語訳」東京外国語大学大学院地域文化研究科川口裕司研究室、2007 年　https://www.tufs.ac.jp/ts/personal/ykawa/afr_2007/menu.htm（最終閲覧　2022 年 7 月 20 日）

保坂修司「トルコ宗務庁がトルコの有名なお土産「ナザール・ボンジュウ」を許されないとした理由」25 Feb. 2021, Newsweek:https://www.newsweekjapan.jp/hosaka/2021/02/post-39_1.php（最終閲覧 2023 年 2 月 15 日）

Baldani, Paolo. *I santi che Guariscono*. Casale Monferrato: Edizioni Piemme Spa, 2003.

Caglioti, Francesco and Davide Gasparotto, "Lorenzo Ghiberti, il 'Sigillo di Nerone' e le origini della placchetta 'antiquaria'." *Prospettiva*, 85 (1997): 2-38.

Collins, Minta. *Medieval Herbals: The illustrative Traditions*. London: The British Library and University of Toronto Press, 2000.

Dioscorides. *De Materia medica*. Lily Y., Beck, tr. Altertumswissensssschaftliche texte und Studien 38. Hildesheim, Zürich and NewYork: Olms, 2017.

——*Der Wiener Dioskurides: Codex medicus graecus 1 der Österreichischen Nationalbibliothek*. *Graz*: Akademische Druck-u.Verlagsanstalt, 1998.

Dante Alighieri. *Le rime*. Piero Cudini, ed. Milano: Garzanti,1979.

—— *Rime*. Gianfranco Contini, ed. Torino: Giulio Einaudi, 1980.

Federico II di Svevia: stupor mundi. Franco Cardini, ed. Roma: Editalia, 1994.

Fratti, Liliana, Umberto Sansoni and Riccardo Scotti. *Il nodo di Salomone: Un simbolo nei millenni*. Torino: ANANKE, 2010.

Fisher, Celia. *The Medieval Flower Book*. London: The British Library, 2007.

Ginzburg, Carlo. *I Benandanti*. Torino: Einaudi, 1966.

Medicina Antiqua: Codex Vindobonensis 93 (Vienna, Österreichische Nationalbibliothek). London: Harvey Miller Publishers, 1999.

Lecouteux, Claude. *A Lapidary of Sacred Stones*. Rochester, Vermont and Tronto: Inner Traditions, 2011.

—— *The High Magic of Talismans & Amulets: Tradition and Craft*. Rochester, Vermont and Toronto: Inner Traditions, 2005.

Moser, Claudia. "Naked Power: The Phallus as an Apotropaic Symbol in the Images and Texts of Roman Italy." University of Pennsylvania Scholarly Commons, 2006. (https://repository.upenn.edu/uhf_2006/11) (accessed 6 Sep. 2022)

Nocentini, Serana, Paola Refice and Gaetano Curzi. *Mater Amabilis*. *Madonne medievali della diocesi di Arezzo, Cortona e Sansepolcro*. Firenze: Maschetto Editore, 2012.

Pasquini, Laura. "Il diavolo nell' iconografia medievale." *Il diavolo nel medioevo*, Centro degli studi sul basso medioevo-Accademia tudertina, Spoleto, 2013: 479-518.

Perciaccante, A., A. Coralli and P. Charlier, "Which Saint to Pray for Fighting against Covid Infection? A short Survey," *Ethics, Medicine and Public Health,* 18 Sep. 2021: https://www.sciencedirect.com/science/article/pii/S2352552521000517 (accessed 6 Sep. 2022)

Rambach, Hadrien. "Apollo and Marsyas on Engraved Gems and Medals," *Jahrbuch für Numismatik und Geldegeschichte* 61(2011): 131-157.

Roc, Jean-Claude. *L' Olifant à l' époque romane*. Bulletin de l' association Cantal-Patrimoine, 2006.

Sansoni, Umberto. *Il nodo di Salomone: Simbolo e archetipo d' alleanza*. Milano: Electa, 1998.

Tacuinum Sanitatis in Medicina. Codex Vindobonensis Series nova 2644 der Österreichischen Nationalbibliothek. Graz: Akademische Druck-u.Verlagsanstalt, 2004.

Trainito, Egidio and Rossella Baldacconi. *Coralli del Mediterraneo*. Cornaredo: Il Castello, 2016.

Weir, Anthony. *Images of Lust: Sexual Carvings on Medieval Churches*. London and New York: Routledge, 2013.

註　記

序章

1）ローレンス・E・サリヴァン「序　隠された真実を求めて」ミルチャ・エリアーデ主編、ローレンス・E・サリヴァン編『エリアーデ・オカルト事典』法藏館、2002 年、4-5 頁。
2）小松和彦『憑依信仰論』講談社学術文庫、1994 年、19-21 頁。
3）古賀武麿「象徴と存在」『大谷學報第 50 巻第 4 号』1971 年、47-49 頁。
4）同論文、54 頁。
5）エルネスト・デ・マルティーノ『呪術的思考』上村忠男訳、平凡社、1998 年、7-8 頁。
6）「呪術」『日本大百科全書（ニッポニカ）』小学館：https://kotobank.jp/word/ 呪術 -77719
7）「呪術」『大辞林』三省堂、1989 年（第 8 刷）、1146 頁。
8）ジョン・ミドルトン「呪術の理論」『エリアーデ・オカルト事典』164 頁。
9）「護符」『百科事典マイペディア』平凡社　https://kotobank.jp/word/ 護符 -65882
10）セオドア・H. ガスター「魔除けとお守り」『エリアーデ・オカルト事典』259 頁。
11）「マスコット」『大辞林』三省堂、1989 年（第 8 刷）、1377 頁。
12）「呪術」『ブリタニカ国際大百科事典』ブリタニカ・ジャパン：https://kotobank. jp/word/ 呪術 -77719。ガスター、前掲論文、259-260 頁。
13）ガスターによる魔除けやお守りの選定基準。ガスター、同論文、259 頁。

第 1 章　角の力

1）Angelo Forgione, "'Napoli Velata' il femminino secondo Özpetek," 31 Dec. 2017: https://angeloforgione.com/2017/12/31/napoli_velata/（最終閲覧 2023 年 1 月 30 日）
2）F. T. エルワージ『邪視』奥西峻介訳、リブロポート、1992 年、200 頁。
3）"Statua del dio Nilo, " 26 Sep. 2022: https://it.wikipedia.org/wiki/Statua_del_dio_Nilo（最終閲覧 2023 年 1 月 30 日）
4）ミルチア・エリアーデ『豊穣と再生』久米博訳、せりか書房、1991 年、21 頁。
5）中野美代子『中国の妖怪』岩波書店、1983 年、20 頁。
6）ファントムフィルム編『メタル　ヘッドバンガーズ・ジャーニー』（サム・ダン、スコット・マクフェイデン、ジェシカ・ジョイ・ワイズ脚本監督『メタル　ヘッドバンガーズ・ジャーニー』2005 年、パンフレット）、2006 年、15 頁。
7）「実は「ウィー！」と言ってなかった　スタン・ハンセン雄たけびの真

相」、JCAST ニュース、8 Oct. 2015: https://www.j-cast.com/2015/10/08247400.html?p=all（最終閲覧 2023 年 1 月 30 日）

8）後藤ひろし「はじめての BABYMETAL（ベビーメタル）〜ベビメタに関するよくある質問と答え」、15 Apr. 2016: https://kanzo.jp/archives/7897#Q04（最終閲覧 2023 年 1 月 30 日）

9）“BABYMETAL”、30 Jan. 2023: https://ja.wikipedia.org/wiki/BABYMETAL（最終閲覧 2023 年 1 月 30 日）

10） Alessandro Pirollo, “Non si chiama brioche, si chiama cornetto,” 30 Apr. 2022: https://www.lacucinaitaliana.it/storie/piatti-tipici/brioche-cornetto-croissant-differenza/（最終閲覧 2023 年 1 月 30 日）

11）小沼義雄「「宮廷の喜び」再読―クレチアン・ド・トロワ『エレックとエニード』における 王権と恋愛―」：https://www.jstage.jst.go.jp/article/bellf/22/0/22_31/_pdf/-char/ja（最終閲覧 2023 年 1 月 30 日）

12）株式会社滝本仏光堂「風鐸」。https://takimotobukkodo.co.jp/column/ 風鐸（最終閲覧 2023 年 1 月 30 日）

13）C. S. ルイス『カスピアン王子のつのぶえ』瀬田貞二訳、岩波少年文庫、新装版、2000 年、148 頁。

14）レーは 12 〜 13 世紀にフランスで作られた詩の形式。渡邊浩司「『ブルターニュの短詩』にみられる『口承性をめぐる考察』」中央大学人文科学研究所編『ケルト―口承文化の水脈』中央大学出版部、2006 年、153-154 頁。

15）「角笛のレー 1. 原文と日本語訳」東京外国語大学大学院地域文化研究科川口裕司研究室、2007 年 : https://www.tufs.ac.jp/ts/personal/ykawa/afr_2007/menu.htm（2022 年 7 月 20 日最終閲覧）

16）「角笛のレー 6. 写本と作者」同サイト（最終閲覧 2022 年 7 月 20 日）

17）『ブレンターノ・アルニム II』 矢川澄子・池田香代子・石川實訳（ドイツ・ロマン派全集）国書刊行会、1990 年、20-22 頁。

18）「ローランの歌」佐藤輝夫訳『ローランの歌　狐物語　(中世文学集 II)』ちくま文庫、1986 年を参照。おそらく 12 世紀に制作されたオックスフォード・ボドリアン図書館所蔵写本（MS Digby 23）。

19） Jean-Claude Roc, *L' Olifant à l' époque romane*, Bulletin de l' association Cantal-Patrimoine, 2006, p.28.

20） *Ibid.*

21）オットー・ゼール『フィシオログス』梶田昭訳、博品社、1994 年、68-69 頁。

22）クテシアス『ペルシア誌／インド誌』阿部拓児訳、京都大学学術出版会（西洋古典叢書）、2019 年、264 頁。

23）R.R. ベーア『一角獣』和泉雅人訳、河出書房新社、1996 年、210-217 頁。

24）京谷啓徳『ボルソ・デステとスキファノイア壁画』中央公論美術出版、2003 年、66-69 頁。尾形希和子『教会の怪物たち』講談社選書メチエ、2013 年、91-93 頁。

25）マリア・ギンブタス『古ヨーロッパの神々』鶴岡真弓訳、言叢社、1998 年。

26）尾形希和子「『土』と『大地』の概念とその表象—西洋中世美術を中心に」木原誠他編『周縁学』昭和堂、2010 年、191-211 頁。
27）Laura Pasquini, “l diavolo nell’ iconografia medievale,” *Il diavolo nel medioevo,* Centro degli studi sul basso medioevo-Accademia tudertina, Spoleto, 2013, pp.479-518.
28）尾形希和子『教会の怪物たち』211-213 頁。

第２章　赤の力

1） 気象庁「気象庁ホームページにおける気象情報の配色に関する設定指針」Jul. 2020. https://www.jma.go.jp/jma/kishou/info/colorguide/HPColorGuide_202007.pdf（最終閲覧 2023 年 1 月 30 日）
2）尾崎織女「疱瘡除けの赤いみみずく」Apr. 2020 : https://japan-toy-museum.org/archives/monthly/ 疱瘡除けの赤いみみずく（最終閲覧 2023 年 1 月 30 日）
3）“Toga” : https://en.wikipedia.org/wiki/Toga（最終閲覧 2023 年 1 月 30 日）
4）“Gradi della Legione,” *Romano Impero*: https://www.romanoimpero.com/2017/11/gradi-della-legione.html（最終閲覧 2023 年 1 月 30 日）
5）ポルポラ、赤については以下を参照。伊藤亜紀『色彩の回廊—ルネサンス文芸における服飾表象について』ありな書房、2002 年、28-32、183-189 頁。徳井淑子『色で読む中世ヨーロッパ』講談社選書メチエ、2006 年、61-68 頁。
6）『プリニウスの博物誌』中野定雄・中野里美・中野美代訳、縮刷版第 VI 巻、雄山閣、2012 年、1542 頁。
7）「歴史と芸術の赤色」、HISOUR 芸術 文化 美術 歴史 : https://www.hisour.com/ja/red-color-in-history-and-art-26650/（最終閲覧 2023 年 1 月 30 日）
8）Marisa Minervini, “Storia dell’ abito da sposa: Cosa Indossavano le spose nell’ età antica,” *Coi Fiocchi*, 11 Agosto 2016: https://coifiocchi.it/storia-dellabito-da-sposa/storia-dellabito-da-sposa-cosa-indossavano-le-spose-nelleta-antica/（最終閲覧 2023 年 1 月 30 日）
9）オウィディウス『変身物語』（上）中村善也訳、岩波文庫、1981 年、173 頁。
10）『プリニウスの博物誌』縮刷版第 V 巻、雄山閣、2012 年、1302 頁。
11）同上。
12）バシリオ・リベリーノ『珊瑚』斎藤真理子訳、アナリジ社、1986 年、48 頁。
13）宝石珊瑚については次を参照。「サンゴ礁 Q & A」Japanese Coral Reef Society:http://www.jcrs.jp/wp/?page_id=622（最終閲覧 2023 年 1 月 30 日）
14）鈴木克美「正倉院の珊瑚について」『正倉院紀要』24、宮内庁正倉院事務所、2002-2003 年、31-35 頁 : https://shosoin.kunaicho.go.jp/api/bulletins/24/pdf/0000000026（最終閲覧 2023 年 1 月 30 日）
15）「サンゴ礁 Q & A」前掲サイト。
16）鈴木克美、前掲論文、37-38 頁。

17）リベリーノは1832年に珊瑚を発見した戎屋幸之丞という漁師は自分の作った珊瑚網での採取を試みた、としている。リベリーノ、前掲書、51頁。
18）那覇市文化局歴史資料室編『輝く琉球王家の至宝　尚家継承文化遺産』1997年、48頁。
19）麻生伸一・茂木仁史編『琉球冊封全図　一七一九の御取り持ち』雄山閣、2020年、44-45頁。
20）高良倉吉・赤嶺守・豊見山和行編『琉球関係資料集成第一巻』国立台湾大学図書館、2013年、26頁。
21）麻生伸一・茂木仁史編、前掲書、44-45頁。
22）リベリーノ、前掲書、41頁。
23）「サンゴ礁Q & A」前掲サイト。
24）黒田加奈子「男／女の差異化―医学的言説における乳房」『ひとはなぜ乳房を求めるのか　危機の時代のジェンダー表象』青弓社、2011年、41-53頁。小池寿子『描かれた身体』青土社、2002年、161-165頁。
25）『プリニウスの博物誌』縮刷版第V巻、1302頁。
26）ビアンカ・ピッツォルノ『ミシンの見る夢』中山エツコ訳、河出書房新社、2021年、199頁。
27）「【結婚35周年】珊瑚婚式の由来は？ 喜ばれるプレゼント5選と気持ちを伝えるメッセージ文例」お誕生日新聞、4 Sep. 2019: https://shinbun20.com/oiwai/wedding_anv/present_35th/（最終閲覧2023年1月30日）
28）"Una storia lunga 9000 anni", *Accademia Italiana del Peperoncino*: https://www.peperoncino.org/il-peperoncino/storia/（最終閲覧2023年1月30日）
29）同サイト
30）姜怡辰「トウガラシがたどった道：世界の食文化を変えたスパイス」『決断科学』2、九州大学持続可能な社会のための決断科学センター、2016年、61-65頁。
31）坂元一光「韓国産育民俗の一側面―男児選好の背景と変容を中心に―」『比較民俗研究』5、1992年、149頁。
32）斎藤たま『まよけの民俗誌』論創社、2010年、88-94頁。
33）GB Viaggi, "L'oro rosso di Calabria, storia e cultura del peperoncino", 02.09.2020:https://www.gbviaggi.it/blog/saperi-e-sapori/peperoncino#Lo%20stretto%20legame%20tra%20il%20peperoncino%20e%20la%20Calabria（最終閲覧2023年1月30日）

第3章　石の力

1）ジョージ・フレデリック・クンツ『図説　宝石と鉱物の文化誌　伝説・迷信・象徴』鏡リュウジ訳、原書房、2017年、21-24頁。
2）小林晶子「マルボドゥス『石について』の解説とラテン詩全訳」『明治薬科

大学研究紀要（人文科学・社会科学）』20、1990 年、2 頁。
3）同論文、11 頁。
4）クンツ、前掲書、24 頁。
5）小林晶子、前掲論文、47-48 頁。
6）同論文、24-25 頁。
7）大槻真一郎『中世宝石賛歌と錬金術　神秘的医薬の展開』澤元亙監修（ヒーリング錬金術②）コスモス・ライブラリー、2017 年、10 頁。大槻真一郎『西欧中世宝石誌の世界―アルベルトゥス・マグヌス『鉱物書』を読む』澤元亙編、八坂書房、2018 年、52 頁。
8）大槻真一郎『西欧中世宝石誌の世界―アルベルトゥス・マグヌス『鉱物書』を読む』267 頁。
9）徳井淑子、前掲書、80 頁。伊藤亜紀、前掲書、104-10 頁。
10）Di Giuzi Team, "Cammeo : Cosè e come nesce," 17 Jan. 2022：https://www.giuzi.it/blogs/notizie/cammeo-cose-e-come-nasce（最終閲覧 2023 年 1 月 30 日）
11）Federico Quagliuolo, "Il corallo di Torre del Greco: L'antihissima e nobile tradizione dell' oro rosso campano," 5 Jan. 2021: https://storienapoli.it/2021/01/05/corallo-di-torre-del-greco/（最終閲覧 2023 年 1 月 30 日）
12）リベリーノ、前掲書、98-100 頁。
13）同書、106 頁。
14）"Museo del Corallo," *Assocoral*: https://www.assocoral.it/musei/museo-del-corallo-e-del-cammeo（最終閲覧 2023 年 1 月 30 日）
15）Marco Jovon, "Il cammeo in conchiglia incisa a mano, un po' di storia," 11 Apr. 2017: https://www.eredijovon.com/it/blog/news/il-cammeo-in-conchiglia-incisa-a-mano-un-po-di-storia-n10（最終閲覧 2023 年 1 月 30 日）
16）"Storia del Cammeo," *Ronchetti srl*: https://www.oreficeriaronchetti.it/page.php?slug=news&id=46&slug_news=storia-del-cammeo（最終閲覧 2023 年 1 月 30 日）
17）大槻真一郎『西欧中世宝石誌の世界』127 頁。
18）同書、256 頁。
19）同書、114 頁。
20）『プリニウスの博物誌』縮刷版 II、415 頁。
21）小林晶子、前掲論文、39 頁。
22）『フィシオログス』135 頁。
23）Chiara Mataloni, "Apollo e Marsia," *Iconos*: http://www.iconos.it/le-metamorfosi-di-ovidio/libro-vi/apollo-e-marsia/immagini/14-apollo-e-marsia/（最終閲覧 2023 年 1 月 30 日）。
24）"Apollon et Marsyas（camée 41）," *Médailles et Antiques*, BnF: https://medaillesetantiques.bnf.fr/ws/catalogue/app/collection/record/ark:/12148/c33gb1crbk（最終閲覧 2023 年 1 月 30 日）。Hadrien Rambach はルネサンスのものとしている。Hadrien Rambach, "Apollo and Marsyas on engraved gems and medals,"

Jahrbuch für Numismatik und Geldegeschichte 61, 2011, p.151.

25）Hadrien Rambach, *op. cit.* p.132.

26）しかし、この《皇帝ネロの印章》もルネサンス時代に作られたものかもしれないとする研究者もいる。Claudia, Viaggiani, "Botticelli, SimonettaVespucci e il suo antico cammeo," 2020（https://www.academia.edu/44162158/BOTTICELLI_SIMONETTA_VESPUCCI_E_IL_SUO_ANTICO_CAMMEO）

27）小林晶子、前掲論文、25 頁。

28）Claude Lecouteux, *A Lapidary of Sacred Stones*, Rochester, Vermont and Toronto: Inner Traditions, 2011, p. 287.

29）小林晶子、前掲論文、17 頁。

30）ヒルデガルト・フォン・ビンゲン『聖ヒルデガルトの医学と自然学』井村宏次監修、聖ヒルデガルト研究会訳、星雲社、2005 年、188 頁。
"Apollon et Marsyas (camée 41)," *Médailles et Antiques*, BnF、前掲サイト

31）Maria Assunta, "Neoplatonismo nella Firenze medicea: la gemma rivelatrice," 21 Jan.2018: http://roseeviole.blogspot.com/2018/01/neoplatonismo-nella-firenze-medicea-la.html（最終閲覧 2023 年 1 月 30 日）

32）オウィディウス『変身物語』（上）、240 頁。

33）André Chastel, *Arte e Umanesimo a Firenze al tempo di Lorenzo il Magnifico*, Einaudi, Milano, 1964, pp. 83-85.

34）『プリニウスの博物誌』縮刷版 VI、1542 頁。

35）同書、1541 頁。

36）プリニウスの人間の欲望にたいする罪悪感については、大槻真一郎『中世宝石賛歌と錬金術』59 頁参照。

37）小林晶子、前掲論文、3 頁。

38）大槻真一郎『中世宝石賛歌と錬金術―神秘的医薬の展開』19 頁。

39）小林晶子「『リティカ』―解説と全訳―」『明治薬科大学研究紀要（人文科学・社会科学）』21、1991 年、58 頁。

40）大槻真一郎『中世宝石賛歌と錬金術―神秘的医薬の展開』29 頁。

第 4 章　薬草の力

1）大槻真一郎『西洋本草書の世界　ディオスコリデスからルネサンスへ』澤元亙編、八坂書房、2021 年、13 頁。

2）同書、27-28 頁。

3）同書、32 頁。岸本良彦「ディオスコリデス『薬物誌』全 5 巻序文」『明治薬科大学研究紀要（人文科学・社会科学）』41、2011 年、1 頁。

4）大槻真一郎『西洋本草書の世界』13-14 頁。

5）Celia Fisher, *The Medieval Flower Book*, The British Library, 2007, p.8.

6）大槻真一郎『西洋本草書の世界』34-36 頁。

7）Pietro Dalena, "Vie di pellegrinaggio nel Sud Italia verso Gerusalemme nel medioevo" : https://www.viefrancigene.org/wp-content/uploads/2021/03/storia_pietro_dalena_-_vie_di_pellegrinaggio_nel_sud_italia_verso_gerusalemme_nel_medioevo.pdf（最終閲覧 2023 年 2 月 6 日）

8）大槻真一郎『サレルノ養生訓』とヒポクラテス　医療の原点』澤元亙監修、ヒーリング錬金術①、コスモス・ライブラリー、2017 年、2-7 頁。

9）Andrea Carlino, "La scuola salernitana e la medicina," in *Federico II di Svevia: stupor mundi*, Franco Cardini, ed., Roma, Editalia, p.145.

10）Carlino, *op.cit.*, pp.146,152.

11）"Breve Storia del Giardino": Hortus Sanitatis della Scuola Medica Salernitana: http://www.giardinodellaminerva.it/chi-siamo/un-po-di-storia.html（最終閲覧 2023 年 2 月 7 日）

12）Corinna Bottiglieri, "Silvatico, Matteo," Dizionario Biografico degli Italiani, vol. 92, 2018: https://www.treccani.it/enciclopedia/matteo-silvatico_(Dizionario-Biografico)（最終閲覧 2023 年 2 月 7 日）

13）Fisher, *op.cit.*, p.9.　Iolanda Ventura, Vittoria Recio Muñoz, "Plateario" *Dizionario Biografico degli Italiani*, 84, Treccani, 2015: https://www.treccani.it/enciclopedia/plateario_%28Dizionario-Biografico%29/（最終閲覧　2023 年 2 月 7 日）

14）Fisher, *op.cit.*, p.10.

15）Tiziano Codiferro, "Il Giardino dei semplici: cenni storici" :https://www.codiferro.it/giardino-dei-semplici-monastico/（最終閲覧 2023 年 2 月 7 日）

16）"Regimen sanitatis Salernitanum," *Incunabula From the Dibner Library of the History of Science and Technology. Smithsonian Libraries*: https://www.sil.si.edu/DigitalCollections/incunabula/CF/browse-results-title.cfm?title=Regimen%20sanitatis%20Salernitanum（最終閲覧 2023 年 2 月 7 日）

17）大槻真一郎『『サレルノ養生訓』とヒポクラテス』5 頁。

18）Fisher, *op.cit.*, pp.9-10.

19）山辺規子「中世ヨーロッパの健康書『タクイヌム・サニターティス』の項目の比較」『奈良女子大学文学部　研究教育年報』第 11 号、2014 年、145 頁。

20）同論文、148-149 頁。

21）山辺規子「中世ヨーロッパの『健康規則』、公衆衛生と救済」『歴史学研究』No.932、青木書店、19 頁。

22）レンツ・クリス＝レッテンベック、リーゼロッテ・ハンスマン『図説　西洋護符大全』津山拓也訳、八坂書房、2014 年、127 頁。

23）同書、128 頁。

24）マーガレット・B・フリーマン『西洋中世ハーブ事典』遠山茂樹訳、八坂書房、2009 年、83 頁。

25）Fisher, *op.cit.*, p.110.

26）Fisher, *op.cit.*, p.105.

27）Raffaele Bracale, “Uocchio, malocchio, Napoli mio c'è bisogno di tutto,” *Il Napolista*, 9 Apr. 2011: https://www.ilnapolista.it/2011/04/uocchio-malocchio-cuorno-e-bicuorno-napoli-mio-ora-ce-bisogno-di-tutto/（最終閲覧 2023 年 2 月 7 日）

28）藤田安二「ウイキョウの古名の起源とその分布」『香料』No.115、1976 年、45-47 頁。藤田安二「オオウイキョウについて」『香料』No.116、1976 年、63-66 頁。

29）ジェッカ・マクビカー『オーガニックハーブ図鑑』吉谷桂子監修、石黒千秋訳、文化出版局、2013 年、120 頁。

30）カルロ・ギンズブルグ『夜の合戦』上村忠男訳、みすず書房、1986 年、51 頁。

31）“Vinaigre des quatre voleurs”: https://fr.wikipedia.org/wiki/Vinaigre_des_quatre_voleurs（最終閲覧 2023 年 2 月 7 日）

32）“Le vinaigre des 4 voleurs: un vinaigre plein d'histoire !” *Uberti*: https://www.uberti.site/actualites/elixir-4-voleurs/（最終閲覧 2023 年 2 月 7 日）

33）“Il Medico della Peste, la più inquietante delle maschere veneziane,” *Ca' Macana*: https://www.camacana.com/it/medico-della-peste.php#:~:text=Il%20Medico%20della%20Peste%20è,Assasin%27s%20Creed%20e%20diversi%20film.（最終閲覧 2023 年 2 月 7 日）

34）“Il sale, fra tradizione e superstizione,” *Pane, Amore e Magia*, 28 Jan. 2016: https://paneamoremagia.com/2016/01/28/fra-tradizione-e-superstizione-il-sale/（最終閲覧 2023 年 2 月 7 日）

35）岸本良彦「ディオスコリデス『薬物誌』第 5 巻」『明治薬科大学研究紀要（人文科学・社会科学）』41、2011 年、78 頁。

36）吉田集而「人類の宝もの　香料植物の過去・現在・未来」『フローラ』1987 年夏号、89-90 頁。

37）クリス＝レッテンベック、ハンスマン、前掲書、129-130、148-153 頁。

38）Ronald W. Lightbown, *Mediaeval European Jewellery: with a catalogue of the collection in the Victoria & Albert Museum*, London, V&A Publications, 1992, pp. 530-531.

39）Fisher, *op.cit.*, p. 54.

40）Fisher, *op.cit.*, p. 9.

41）“Moly（herb）”: https://en.wikipedia.org/wiki/Moly_（herb）（最終閲覧 2023 年 2 月 7 日）

42）“Aqua Mirabilis”: https://it.wikipedia.org/wiki/Aqua_Mirabilis（最終閲覧 2023 年 2 月 7 日）

43）“Citrus × bergamia”: https://it.wikipedia.org/wiki/Citrus_×_bergamia（最終閲覧 2023 年 2 月 7 日）

44）ピッツォルノ、前掲書、131 頁。

45）“Un raggio di sole fatto liquore”: https://www.strega.it/liquore-strega/（最終閲覧 2023 年 2 月 7 日）

46）Francesca Lucidi, “La nascita del mito delle “Streghe di Benevento”: il processo a

Matteuccia da Todi," *Vanilla Magazine*: https://www.vanillamagazine.it/la-nascita-del-mito-delle-streghe-di-benevento-il-processo-a-matteuccia-da-todi/（最終閲覧 2023 年 2 月 7 日）

47）カルロ・ギンズブルグはゲルマンの伝承とスラブの伝承の合流がベナンダンティの複合的神話を形成したと推測するが、ディアーナの信仰との結びつきも指摘している。ギンズブルグ、前掲書、76-82、103-105 頁。

48）"Noce di Benevento": https://it.wikipedia.org/wiki/Noce_di_Benevento（最終閲覧 2023 年 2 月 7 日）

49）大槻真一郎『『サレルノ養生訓』とヒポクラテス』52 頁。

50）クリス＝レッテンベック、ハンスマン、前掲書、386 頁。

51）"Ruta graveolens L.," *Università degli studi della Tuscia, Orto Botanico Angelo Rambelli*: http://www.ortobotanico.unitus.it/index.php/it/collezioni/giardino-degli-insetti/item/968-ruta-graveolens-l（最終閲覧 2023 年 2 月 7 日）

52）"Rue," *Botanical.com*: https://www.botanical.com/botanical/mgmh/r/rue---20.html（最終閲覧 2023 年 2 月 7 日）. エルワージは、この説にはあまり根拠がないと言う。エルワージ、前掲書、325 頁。

53）クリス＝レッテンベック、ハンスマン、前掲書、386 頁。

54）エルワージ、前掲書、328-333 頁。

55）クリス＝レッテンベック、ハンスマン、前掲書、386 頁。

56）黒田加奈子「男／女の差異化―医学的言説における乳房」『ひとはなぜ乳房を求めるのか　危機の時代のジェンダー表象』青弓社、2011 年、27 頁。

57）新保淳乃「都市秩序の再生」『ひとはなぜ乳房を求めるのか　危機の時代のジェンダー表象』154 頁。

58）鼓みどり『ユトレヒト詩篇挿絵研究 言葉の織りなしたイメージをめぐって』中央公論美術出版、2006 年、80 頁。

59）新保淳乃、前掲論文、157 頁。

60）ロンダ・シービンガー『帝国と植物』工作社、2007 年、主に第 3、4 章を参照。

61）同書、256-257、274-275 頁。

第 5 章　目の力

1）エルワージ、前掲書、21 頁。

2）クリス＝レッテンベック、ハンスマン、前掲書、334 頁。

3）Alessia Sicuro, "Scaramanzia napoletana: le origini dello scartellato," *Libero Pensiero*, 6 Jan. 2021: https://www.liberopensiero.eu/06/01/2021/rubriche/ventre-napoli/scaramanzia-napoletana-le-origini-dello-scartellato/（最終閲覧 2023 年 2 月 7 日）

4）Sarah Emiliy Bond, "The（Evil）Eyes Have It: Welcoming and Warning Ancient Visitors," *History From Below*, 21 Jul. 2015: https://sarahemilybond.com/2015/07/21/the-evil-eyes-have-it-welcoming-and-warning-ancient-visitors/（最終閲覧 2023 年 2

月 7 日）

5）エルワージ、前掲書、140 頁。

6）Sarah Emiliy Bond, 前掲サイト。Tann, "Images in Roman mosaics meant to dispel the envies," *News Network Archaeology*,16 Dec.2014: https://archaeologynewsnetwork.blogspot.com/2014/12/images-in-roman-mosaics-meant-to-dispel.html（最終閲覧 2023 年 2 月 7 日）

7）大城道則『古代エジプト　死者からの声　ナイルに培われたその死生観』河出ブックス、2015 年、183 頁。

8）『古代カルタゴとローマ展』東映株式会社、2009 年、46 頁。

9）松尾恒一「琉球弧における船と樹霊信仰」『国立歴史民俗博物館研究報告』第 174 集、2012 年、128、130 頁。

10）柳田國男『定本 柳田國男集』第 1 巻、筑摩書房、1969 年、255-257 頁。浜村建治「山原船について（上）」『船の科学』第 38 巻 第 5 号（No.439）1985 年、74-75 頁。

11）高良倉吉「進貢船」『月刊しにか』vol.10 no.9、1999 年、30-31 頁。池宮正治「おもろの船三題」『琉球大学法文学部紀要 国文学論集』第 23 号、1979 年、44 頁。

12）高良倉吉、前掲論文、31 頁。高良倉吉「古琉球における海事思想の状況―特にスラどころとトミについて」『第一届中琉歴史関係國際学術會議論文集』聯合報文化基金會國學文獻館、1988 年、540 頁。

13）馬場恵二『癒しの民間信仰　ギリシアの古代と現代』東洋書林、2006 年、305 頁。篠塚千恵子氏による口頭発表「古代ギリシアの癒しと健康のイメージ―古典期アテネの美術を中心に」地中海学会第 45 回全国大会地中海トーキング（2021 年 12 月 11 日）。

14）馬場恵二、同書、306 頁。

15）"Occhio di Santa Lucia, il potente portafortuna napoletano contro il malocchio," *VESUVIOLIVE.it*, 13 Dec. 2021: https://www.vesuviolive.it/cultura-napoletana/414711-occhio-santa-lucia-amuleto/（最終閲覧 2023 年 2 月 15 日）

16）クリス＝レッテンベック、ハンスマン、前掲書、329 頁。

17）クンツ、前掲書、118-119 頁。

18）Cora Lynn Daniels, et al., eds, *Encyclopædia of Superstitions, Folklore, and the Occult Sciences of the World*, Univ. Press of the Pacific, Honolulu（Volume III）, p. 1273.

19）宮下遼「民間信仰を売る―トルコの邪視除け護符ナザル・ボンジュウ」『この世のキワ』（アジア遊学）、勉誠出版、2019 年、309 頁。

20）保坂修司「トルコ宗務庁がトルコの有名なお土産「ナザール・ボンジュウ」を許されないとした理由」25 Feb. 2021, *Newsweek*：https://www.newsweekjapan.jp/hosaka/2021/02/post-39_1.php（最終閲覧 2023 年 2 月 15 日）

21）保坂修司、前掲サイト。中山紀子「邪視と村の精神世界　トルコ西黒海地方から」『民衆のイスラーム　スーフィー・聖者・精霊の世界』赤堀雅幸編、

山川出版社、2008 年、164-166 頁。

第６章　結び目の魔力

1）ジュリア・ピッカルーガ「縛りと結び」『エリアーデ・オカルト事典』278-289 頁。
2）同書、282-283 頁。
3）同書、281 頁。
4）"Nodo di Ercole," *Archeologiavocidalpassato*, 24 Dec. 2021: https://archeologiavocidalpassato.com/tag/nodo-di-ercole/（最終閲覧 2023 年 2 月 7 日）
5）"Nodo di Iside": https://it.wikipedia.org/wiki/Nodo_di_Iside（最終閲覧 2023 年 2 月 7 日）
6）『大英博物館古代エジプト展―『死者の書』で読み解く来世への旅』2012 年、58 頁。
7）Christopher L.C.E. Witcombe, "Minoan Snake Goddess" 9, *Art history resources on the web*, 2000: http://arthistoryresources.net/snakegoddess/snakecharmers.html（最終閲覧 2023 年 2 月 7 日）
8）S. Donadoni, B. M. Felletti Maj, "Iside," *Enciclopedia dell'arte antica*, 1961, Treccani: https://www.treccani.it/enciclopedia/iside_%28Enciclopedia-dell%27-Arte-Antica%29/（最終閲覧 2023 年 2 月 7 日）
9）Christopher L.C.E. Witcombe, 前掲サイト。
10）"Star of David" : https://en.wikipedia.org/wiki/Star_of_David（最終閲覧 2023 年 2 月 7 日）
11）ガスター、前掲論文、264-265 頁。"La stella di David" : https://it.frwiki.wiki/wiki/Étoile_de_David（最終閲覧 2023 年 2 月 7 日）
12）フラビウス・ヨセフス『ユダヤ古代誌』（8：42）に、エレアザルというユダヤ人がソロモンから伝わる呪文と指輪を使って悪魔祓いするというくだりがある。
13）Umberto Sansoni, *Il nodo di Salomone: Simbolo e archetipo d'alleanza*, Electa, 1998, pp. 24-25.
14）*Ibid.*
15）*op.cit.* pp.22-23.
16）L. Fratti et al., ed., *Il Nodo di Salomone: Un simbolo nei millenni*, Torino, Ananke, 2010, p. 32.
17）*op.cit.*, p.33.
18）Sansoni, *op.cit.*, p.129.
19）*op.cit.*, p.87.
20）Rosamond E. Mack, *Bazaar to Piazza: Islamic Trade and Italian Art, 1300-1600*, University of California Press, 2001, pp.52, 69.
21）Gian Roberto Sarolli, "Salomone," *Enciclopedia Dantesca*, Treccani: https://www.

treccani.it/enciclopedia/salomone_%28Enciclopedia-Dantesca%29/（最終閲覧 2023 年 2 月 7 日）. Sansoni, *op.cit.*, pp. 138-139.

22）筆者訳。

23）筆者訳。

24）Piero Cudini, ed., *Dante. Le rime*, Garzanti, 1979, pp.118-119. Gianfranco Cantini, ed., *Dante Alighieri, Rime*, Einaudi, 1980, pp.85-86.

25）Piero Cudini, ed., *Dante. Le rime*, Garzanti, 1979, p.120. Gianfranco Cantini, ed., *Dante Alighieri, Rime*, Einaudi, 1980, p.87.

26）尾形希和子『教会の怪物たち』185-190 頁。

27）Sansoni, *op.cit.*, p. 139.

28）Serena Nocentini e Paola Refige, ed., *Mater amabilis. Madonne medievali della Diocesi di Arezzo, Cortona, e Sansepolcro*, Maschietto editore, 2012, pp.13-14.

29）喜多村明里「マンテーニャ《サン・ゼノ祭壇画》―〈叡智の幕屋〉としてのタベルナクルム祭壇」『祭壇画の解体学』ありな書房、2011 年、111-114 頁。

30）Francesco Gandolfo, "Cattedra," *Enciclopedia dell'arte medievale*, IV, p.503.

31）Allegra Lafrate, *The Wandering Throne of Solomon: Objects and Tales of Kingship in Medieval Mediterranean*, 2015, Brill, pp.224-225.

32）"Caterina e Leonardo. Nodi vinciani e percorsi iconografici" :https://docplayer.it/7016181-Caterina-e-leonardo-nodi-vinciani-e-percorsi-iconografici.html（最終閲覧 2023 年 2 月 7 日）

33）森結「ルカ・シニョレッリ作《フィリーッピーニ祭壇画》に関する一考察」（修士論文）2014 年、48-50 頁。

34）同論文、46-48 頁。

35）Sansoni, *op.cit.*, p. 139.

36）山里純一『沖縄のまじない　暮らしの中の魔除け、呪文、呪符の民俗史』ボーダーインク、2017 年、85 頁。

37）松本嘉代子「ムーチー」『沖縄大百科事典』下、沖縄タイムス社、1983 年、627-628 頁。

38）遠藤庄治「鬼餅由来」『沖縄大百科事典』上、沖縄タイムス社、612 頁。

39）湧上元雄「鬼餅」『沖縄大百科事典』上、沖縄タイムス社、612 頁。

40）クリス＝レッテンベック、ハンスマン、前掲書、303 頁。

41）同書、305 頁。

第 7 章　生殖の力

1）クリス＝レッテンベック、ハンスマン、前掲書、364 頁。

2）小池寿子『描かれた身体』青土社、2002 年、162 頁。尾形希和子「驚異から警告まで―西洋の怪物表象」『東の妖怪　西の怪物』101 頁、注 4。

3）Claudia Moser, "Naked Power: The Phallus as an Apotropaic Symbol in the Images

and Texts of Roman Italy," University of Pennsylvania Scholarly Commons, 2006, p.14.（https://repository.upenn.edu/uhf_2006/11）

4）クリス＝レッテンベック、ハンスマン、前掲書、360 頁。

5）フィリップ・ヴァルテール『ユーラシアの女性神話―ユーラシア神話試論 II』渡邉浩司、渡邉裕美子訳、中央大学出版部、2021 年、192-193 頁。

6）渡邉浩司、渡邉裕美子「訳者前書き」フィリップ・ヴァルテール『英雄の神話的諸相―ユーラシア神話試論 I』渡邉浩司、渡邉裕美子訳、中央大学出版部、2019 年、v-vii 頁。渡邉浩司、渡邉裕美子「訳者前書き」フィリップ・ヴァルテール『ユーラシアの女性神話―ユーラシア神話試論 II』vii-x 頁。

7）"Milano tra storia e leggenda: la Tosa impudica," *24oreNews.it*, 2 Jul. 2019: https://www.24orenews.it/italia-da-gustare/storia-miti-leggende/22299-leggenda-tosa-impudica（最終閲覧 2023 年 2 月 15 日）

8）クリス＝レッテンベック、ハンスマン、前掲書、365 頁。

9）ヴァルテール『ユーラシアの女性神話―ユーラシア神話試論 II』193 頁。

10）同書、202-203 頁。

11）　古代ローマ人のファルス信仰やファスキヌスについては以下を参照。アルベルト・アンジェラ『古代ローマ人の愛と性』関口英子・佐瀬奈緒美訳、河出書房新社、2014 年、230-232 頁。

12）マーノ・ア・フィーカについては以下を参照。アンジェラ、同書、232 頁。

13）クリス＝レッテンベック、ハンスマン、前掲書、353-355 頁。

14）エルワージ、前掲書、333 頁。

15）尾形希和子「イタリアの紋章と人魚（セイレーン）」『教会の怪物たち』268-274 頁。尾形希和子「鎮火するおっぱい―ナポリのセイレーン」武田雅哉編『ゆれるおっぱい、ふくらむおっぱい　乳房の図像と記憶』岩波書店、212-215 頁。

16）"pendente- bottega fiamminga（sec. XVI），" *Catalogo generale dei Beni Culturali*: https://catalogo.beniculturali.it/detail/HistoricOrArtisticProperty/0900746129（最終閲覧 2023 年 2 月 15 日）

17）エルワージ、前掲書、333 -335 頁。

18）Anthony Weir, *Images of Lust: Sexual Carvings on Medieval Churches*, London and New York, Routledge, 2013, p.113. クリス＝レッテンベック、ハンスマン、前掲書、365 頁。

19）クリス＝レッテンベック、ハンスマン、同書、332 頁、図 445、428 頁、図 735。

20）エルワージ、前掲書、202-205 頁。

第 8 章　聖人の力

1）秋山聰『聖遺物崇敬の心性史』講談社メチエ、2009 年、17 頁。

2）人神信仰については小松和彦『神になった日本人』中公新書ラクレ、2020 年、

を参照。

3） Philip Kosloski, “Quanti santi cattolici ci sono?” *Aleteia*, 19 Jul. 2019: https://it.aleteia.org/2019/07/19/quanti-santi-cattolici-ci-sono/（最終閲覧 2023 年 2 月 15 日）

4）A. Perciaccante, A. Coralli, P. Charlier, "Which Saint to Pray for Fighting against Covid Infection? A short Survey," *Ethics, Medicine and Public Health*, 18 Sep.2021: https://www.sciencedirect.com/science/article/pii/S2352552521000517（最終閲覧 2022 年 9 月 6 日）

5）伊藤亜紀、前掲書、57 62 頁。

6）徳井淑子、前掲書、71-72 頁。

7）“Lazzaretto Vecchio”: https://it.wikipedia.org/wiki/Lazzaretto_Vecchio（最終閲覧 2023 年 2 月 15 日）

8）Paolo Baldani, *I santi che guariscono,* Casale Monferrato, Edition Piemme, 2003, pp.76-77.

9）A. Perciaccante, A. Coralli, P. Charlier, 前掲サイト。

10）ジョン・ミドルトン「呪術の理論」『エリアーデ・オカルト事典』176 頁。

終章

1）加藤茂孝「ペスト―中世ヨーロッパを揺るがせた大災禍」『モダンメディア』56 巻 2 号、2010 年、44 頁（https://www.eiken.co.jp/uploads/modern_media/literature/MM1002_03.pdf）

2）同論文、40-41 頁。

3）デ・マルティーノ、前掲書、120 頁。〔　〕は筆者による。

4）同書、79 頁。

5）小松和彦、『憑依信仰論』21 頁。

6）伊藤博明「プロローグ　マリオ・プラーツの庭」『ピクタ・ポエシス　ペトラルカからエンブレムへ』ありな書房、2022 年、7-8 頁。

7）井本恭子「サルデーニャの村落と ocru malu――つの人類学的解釈」『大阪外国語大学論集』第 21 号、1999 年、155-174 頁。中山紀子、前掲論文、139 頁。

8）小川公代『ケアの倫理とエンパワメント』講談社、2021 年、21-22、56 頁。

9）同書、190 頁。チャールズ・テイラー『世俗の時代』上、47 頁。アダム・タカハシ「外なる危機から内なる危機へ。アウグスティヌス『神の国』における人間理解」西洋中世学会大会、シンポジウム口頭発表、2022 年 6 月 19 日。

10）パオロ・ロッシ『魔術から科学へ』前田達郎訳、サイマル出版会、1970 年、1 頁。

著者紹介

尾形希和子（おがた きわこ）

大阪外国語大学イタリア語科卒業、東京外国語大学修士課程地域研究研究科修了、ブリュッセル自由大学にて博士号（歴史、美術、考古学）取得。沖縄県立芸術大学教授。専門は西洋中世美術。
著書に『レオノール・フィニ　境界を侵犯する新しい種』（東信堂、2006 年）、『教会の怪物たち　ロマネスクの図像学』（講談社選書メチエ、2013 年）、共著に武田雅哉編『ゆれるおっぱい、ふくらむおっぱい　乳房の図像と記憶』（岩波書店、2018 年）、徳田和夫編『東の妖怪　西のモンスター　想像力の文化比較』（勉誠出版、2018 年）などがある。

西洋の護符と呪い（まじない）
プリニウスからポップカルチャーまで

2023 年 7 月 10 日　初版第 1 刷発行

著　　者　尾 形 希 和 子
発 行 者　八　坂　立　人
印刷・製本　シナノ書籍印刷(株)

発 行 所　(株)八 坂 書 房
〒101-0064 東京都千代田区神田猿楽町 1-4-11
TEL.03-3293-7975　FAX.03-3293-7977
URL: http://www.yasakashobo.co.jp

ISBN 978-4-89694-342-9